Elogios a
Viva Mais, Tenha Menos

"Estou tão inspirada com este livro sábio e que vem tanto a calhar! Como muitas pessoas neste momento, estou atraída pela ideia do minimalismo, mas, para ser honesta, sou profundamente fixada em maus hábitos de bagunça e acumulação. Sou muito grata pela visão clara de Joshua sobre como pode ser a vida quando optamos por nos cercar de menos coisas, e de como criamos mais espaço para viver e sonhar ao fazê-lo."

— Shauna Niequist, autora de *Bread & Wine* e *Savor*

"Joshua Becker é uma voz distinta no movimento do minimalismo moderno. Envolvente e imparcial, *Viva Mais, Tenha Menos* articula com maestria os benefícios — e a prazerosa alegria — de se viver com menos."

— Joshua Fields Millburn, criador do site theminimalists.com e coautor de *Tudo o que Importa*

"Joshua Becker é um dos meus heróis. Se você está na luta por ter muita coisa e não ser feliz, esta é uma leitura obrigatória."

— Peter Walsh, autor do best-seller do *New York Times*, *It's All Too Much*

"Joshua Becker revela uma abordagem inovadora, que traz mais significado ao nosso tempo, ao bem-estar pessoal, aos relacionamentos, às finanças e às paixões. Não deixe a palavra *minimalista* o intimidar. Não são necessárias medidas drásticas nem um plano definido a se seguir. Abra este livro, alivie sua vida e dê oxigênio ao que mais importa."

— Rachel Macy Stafford, autora do best-seller do *New York Times Hands Free Mama* e *Hands Free Life*

"Aprecio a escrita e a mensagem de Joshua Becker há anos, e este é de longe seu melhor trabalho. Seus conselhos práticos para se viver com menos, com histórias emocionantes de pessoas que vivem assim, proporcionam as ferramentas e a motivação para uma mudança poderosa. Estou impressionada pela forma com que Becker conecta o *como* com os *porquês* do minimalismo."

— Courtney Carver, autora de *Simple Ways to Be More with Less*

"Este é o livro — ele vai mudar sua vida com uma solução surpreendentemente simples: menos realmente pode significar mais. Bem mais."

— JEFF GOINS, autor do best-seller *The Art of Work*

"Joshua Becker conduz você pelos passos para encontrar a vida que você deseja, indo à essência do que você precisa. Se está procurando um guia prático e com ações para ajudá-lo a encontrar uma maneira mais simples e gratificante de viver, é este livro."

— PATRICK RHONE, autor de *Enough*

"Este livro definitivo sobre minimalismo oferece os 'porquês', os 'comos' e os 'quens'. Como Joshua é um praticante de longa data do minimalismo, com sólida credibilidade. Os leitores podem estar certos de que quaisquer passos que derem vão levar a uma vida mais rica de alegria, generosidade, significado e completude."

— RICHARD DAHLSTROM, pastor sênior da Bethany Community Church, Seattle, WA

"Muitas vezes, nosso maior medo de viver com menos é que podemos deixar algo passar, mas Joshua Becker explica o quanto temos a ganhar com o estilo de vida minimalista. Repleto de ideias práticas que você pode aplicar hoje, *Viva Mais, Tenha Menos* é o equilíbrio perfeito entre orientação e motivação."

— RUTH SOUKUP, autora de *Organize e Simplifique a Casa, a Mente e a Alma*, best-seller do *New York Times*

"Joshua Becker vem promovendo uma maneira de viver que é mais do que atraente — é uma grande ideia que mudará vidas radicalmente."

— JEFF SHINABARGER, fundador da Plywood People e autor de *Mais ou Menos?*

"Com histórias divertidas e conselhos práticos, Joshua explica como tornar a jornada minimalista uma empreitada de grupo com amigos e familiares."

— DAVE BRUNO, autor de *O Desafio das 100 Coisas*

"Comecei *Viva Mais, Tenha Menos* com ceticismo. No final, porém — graças à maneira gentil, simples e persuasiva de explicar as coisas de Joshua Becker —, joguei fora um monte de coisas e me converti."

— JAMES WALLMAN, autor de *Stuffocation*

VIVA MAIS,
TENHA MENOS

VIVA MAIS,
TENHA MENOS

Encontre a **vida que você deseja**,
enterrada sob tudo que você tem

JOSHUA BECKER

ALTA BOOKS
GRUPO EDITORIAL
Rio de Janeiro, 2023

Viva Mais Tenha Menos

Copyright © 2023 da Starlin Alta Editora e Consultoria Eireli.
ISBN: 978-85-508-1896-2

Translated from original The More of Less. Copyright © 2016 by Becoming Minimalist LLC. ISBN 978-1-60142-796-0. This translation is published and sold by WaterBrook Multnomah, an imprint of the Crown Publishing Group, a division of Penguin Random House LLC, the owner of all rights to publish and sell the same. PORTUGUESE language edition published by Starlin Alta Editora e Consultoria Eireli, Copyright © 2023 by Starlin Alta Editora e Consultoria Eireli.

Impresso no Brasil — 1ª Edição, 2023 — Edição revisada conforme o Acordo Ortográfico da Língua Portuguesa de 2009.

Dados Internacionais de Catalogação na Publicação (CIP) de acordo com ISBD

B395v   Becker, Joshua

Viva Mais Tenha Menos: Encontre a Vida que Você Deseja, Enterrada sob Tudo que Você Tem / Joshua Becker ; traduzido por Cristiano Sensi. - Rio de Janeiro : Alta Books, 2023.
240 p. ; 16cm x 23cm.

Tradução de: The More of Less
Inclui bibliografia e índice.
ISBN: 978-85-508-1896-2

1. Autoajuda. I. Sensi, Cristiano. II. Título.

2023-579   CDD 158.1
                 CDU 159.947

Elaborado por Vagner Rodolfo da Silva - CRB-8/9410

Índice para catálogo sistemático:
1. Autoajuda 158.1
2. Autoajuda 159.947

Todos os direitos estão reservados e protegidos por Lei. Nenhuma parte deste livro, sem autorização prévia por escrito da editora, poderá ser reproduzida ou transmitida. A violação dos Direitos Autorais é crime estabelecido na Lei nº 9.610/98 e com punição de acordo com o artigo 184 do Código Penal.

A editora não se responsabiliza pelo conteúdo da obra, formulada exclusivamente pelo(s) autor(es).

Marcas Registradas: Todos os termos mencionados e reconhecidos como Marca Registrada e/ou Comercial são de responsabilidade de seus proprietários. A editora informa não estar associada a nenhum produto e/ou fornecedor apresentado no livro.

Erratas e arquivos de apoio: No site da editora relatamos, com a devida correção, qualquer erro encontrado em nossos livros, bem como disponibilizamos arquivos de apoio se aplicáveis à obra em questão.

Acesse o site www.altabooks.com.br e procure pelo título do livro desejado para ter acesso às erratas, aos arquivos de apoio e/ou a outros conteúdos aplicáveis à obra.

Suporte Técnico: A obra é comercializada na forma em que está, sem direito a suporte técnico ou orientação pessoal/exclusiva ao leitor.

A editora não se responsabiliza pela manutenção, atualização e idioma dos sites referidos pelos autores nesta obra.

Produção Editorial
Grupo Editorial Alta Books

Diretor Editorial
Anderson Vieira
anderson.vieira@altabooks.com.br

Editor
José Ruggeri
j.ruggeri@altabooks.com.br

Gerência Comercial
Claudio Lima
claudio@altabooks.com.br

Gerência Marketing
Andréa Guatiello
andrea@altabooks.com.br

Coordenação Comercial
Thiago Biaggi

Coordenação de Eventos
Viviane Paiva
comercial@altabooks.com.br

Coordenação ADM/Finc.
Solange Souza

Coordenação Logística
Waldir Rodrigues

Gestão de Pessoas
Jairo Araújo

Direitos Autorais
Raquel Porto
rights@altabooks.com.br

Assistentes da Obra
Thales Silva
Gabriela Paiva

Produtores Editoriais
Illysabelle Trajano
Maria de Lourdes Borges
Paulo Gomes
Thiê Alves

Equipe Comercial
Adenir Gomes
Ana Claudia Lima
Andrea Riccelli
Daiana Costa
Everson Sete
Kaique Luiz
Luana Santos
Maira Conceição
Nathasha Sales
Pablo Frazão

Equipe Editorial
Ana Clara Tambasco
Andreza Moraes
Beatriz de Assis
Beatriz Frohe
Betânia Santos
Brenda Rodrigues
Caroline David
Erick Brandão
Elton Manhães
Gabriela Nataly
Henrique Waldez
Isabella Gibara
Karolayne Alves
Kelry Oliveira
Lorrahn Candido
Luana Maura
Marcelli Ferreira
Mariana Portugal
Marlon Souza
Matheus Mello
Milena Soares
Patricia Silvestre
Viviane Corrêa
Yasmin Sayonara

Marketing Editorial
Amanda Mucci
Ana Paula Ferreira
Beatriz Martins
Ellen Nascimento
Livia Carvalho
Guilherme Nunes
Thiago Brito

Atuaram na edição desta obra:

Tradução
Cristiano Sensi

Copidesque
Emily Lopes

Revisão Gramatical
Kamila Wozniak
Hellen Suzuki

Diagramação
Joyce Matos

Capista
Alice Sampaio

Editora afiliada à: ASSOCIADO

ALTA BOOKS
GRUPO EDITORIAL

Rua Viúva Cláudio, 291 — Bairro Industrial do Jacaré
CEP: 20.970-031 — Rio de Janeiro (RJ)
Tels.: (21) 3278-8069 / 3278-8419
www.altabooks.com.br — altabooks@altabooks.com.br
Ouvidoria: ouvidoria@altabooks.com.br

Dedicado a toda a comunidade do site Becoming Minimalist. Seu apoio e incentivo servem de inspiração para mim e tornaram este livro possível. Que suas vidas continuem a inspirar outras pessoas a viverem mais tendo menos.

AGRADECIMENTOS

Durante nossa primeira conversa, meu agente Chris Ferebee me perguntou por que eu queria publicar um livro com uma editora tradicional. Como autor de blog, eu estava acostumado a ter total liberdade sobre meu trabalho, e ele sabia disso. Porém eu já sabia a resposta antes mesmo de ele fazer a pergunta: "Chris, quero uma editora porque quero escrever um livro melhor. Com uma equipe, esse projeto será melhor do que se eu o fizer sozinho. E essa mensagem é muito importante para não passá-la da maneira certa já na primeira vez."

Eu sabia o que queria. Contudo, nem em meus sonhos mais loucos imaginei a quantidade de trabalho, compromisso e dedicação de outras pessoas que seria necessária para tornar este livro o que ele é hoje. Ele foi criado não por mim, mas por uma equipe. E ela merece ser reconhecida.

Gostaria de poder agradecer publicamente a cada pessoa que desempenhou um grande ou pequeno papel nisso. Infelizmente, são muitas e não há espaço suficiente aqui. No entanto, algumas pessoas merecem um reconhecimento especial pelo investimento que fizeram no *Viva Mais, Tenha Menos*.

Obrigado ao meu editor e novo amigo, Eric Stanford, que talvez tenha gastado mais tempo neste projeto do que qualquer outra pessoa — às vezes acho que até mais do que eu. Durante inúmeras revisões, e-mails e conversas telefônicas, você trouxe profundidade à minha voz e palavras aos meus pensamentos, e criou um livro mil vezes melhor do que eu jamais poderia ter feito. Do fundo do meu coração, obrigado, Eric.

Ao meu agente, Chris Ferebee, obrigado por fazer perguntas difíceis e por levar este livro na direção certa, desde o início. Ele existe por sua causa, e serei eternamente grato. Obrigado por se preocupar mais comigo do que com o projeto. E obrigado por ser uma voz confiável durante todo o processo.

Obrigado à minha editora, WaterBrook Multnomah. Eu me sentei para minha primeira ligação com Susan Tjaden e David Kopp e, quando levantei, não queria que mais ninguém publicasse o livro. Sua compreensão sobre a minha paixão, minha voz e meu chamado continua a ser incomparável. Obrigado, Tina Constable, por participar deste projeto desde o início e por reforçar o potencial dele. Obrigado, de verdade, a toda a equipe da WaterBrook: os designers de capa, os profissionais de marketing, os editores de texto, os revisores e muitos outros.

Obrigado também àqueles que modelaram o minimalismo para mim e moldaram minha visão sobre o tema logo no início. Quer suas palavras tenham sido citadas neste livro ou tenham criado as bases sobre as quais ele foi escrito, sua contribuição pode ser encontrada nestas linhas e, igualmente, na minha vida.

Um sincero agradecimento aos leitores do meu blog, *Becoming Minimalist*. Obrigado por comentarem nos posts, enviarem e-mails, compartilharem conteúdo e irem a eventos. Vocês fazem escrever ser algo divertido. Saibam que esse incentivo me motivou a ficar acordado muitas noites em frente a uma tela de computador.

Esta jornada começou em Vermont e terminou no Arizona, mas meu coração reside na Dakota do Sul. Eu amo meus pais e minha família mais do que poderia expressar no papel. Obrigado por acreditarem em mim e darem a base para minha vida, construída com caráter e confiança, paz e perseverança, graça e amor.

Finalmente, e mais importante, obrigado à minha fiel esposa, Kimberly, e aos meus lindos filhos, Salem e Alexa. Seu amor e suas risadas trazem alegria à minha vida, ânimo aos meus passos e mais inspiração ao meu trabalho. Tenho orgulho deste livro, mas tenho mais orgulho ainda de vocês. Que o mundo seja abençoado pelas suas vidas.

E que todos nós encontremos propósitos maiores do que possuir bens materiais.

SOBRE O AUTOR

Joshua Becker é uma das principais vozes do movimento da simplicidade moderna. Ele é o fundador e editor do *Becoming Minimalist*, um site dedicado à vida intencional, visitado por mais de 1 milhão de leitores todos os meses. Ele é, além disso, um renomado palestrante internacional cuja história apareceu nas revistas *Time* e *Success*, nos jornais *Wall Street Journal*, *Boston Globe*, *Christianity Today*, *Guardian* (Reino Unido) e em muitas outras publicações. Ele escreveu o livro *Simplify*, best-seller do *Wall Street Journal*, e também *Clutterfree with Kids*.

Joshua e a esposa, Kim, são fundadores da The Hope Effect, uma organização sem fins lucrativos dedicada a mudar a forma como o mundo cuida de órfãos, por meio de soluções baseadas na família.

Joshua é bacharel em Administração de Empresas pela University of Nebraska em Omaha e tem mestrado em Estudos Teológicos pelo Bethel Seminary em St. Paul, Minnesota. Ele serviu por quinze anos no ministério pastoral em igrejas em Nebraska, Wisconsin, Vermont e Arizona. Atualmente, mora perto de Phoenix, Arizona, com a esposa e dois filhos.

SUMÁRIO

1. Tornando-se Minimalista — 1
2. Livramento — 15
3. Minimalismo do Seu Jeito — 27
4. A Névoa do Consumismo — 39
5. A Vontade Interior — 57
6. Vá com Calma — 71
7. Resolução de Problemas — 83
8. Experimentos para Viver com Menos — 105
9. Programa de Manutenção — 123
10. A Família Minimalista — 137
11. Atalho para a Importância — 155
12. Uma Vida com Intenção — 171
13. Não Se Contente com Menos — 185

Notas — 197

Índice — 207

1
Tornando-se Minimalista

O ano de 2008 prometia um clima agradável para o fim de semana do Memorial Day — o que nem sempre era o caso em Vermont naquela época. Então, eu e minha esposa Kim decidimos passar o sábado fazendo compras, colocando as pendências e as tarefas de casa em dia. Fazer a faxina da primavera era nosso grande objetivo naquele fim de semana, começando pela garagem.

Veio a manhã de sábado, e, enquanto Kim e nossa filha ainda dormiam, acordei nosso filho Salem para comer ovos com bacon. Imaginei que, depois de um bom café da manhã, ele ficaria animado para ajudar o pai. Olhando para trás agora, não sei por que pensei que uma criança de 5 anos ficaria empolgada para limpar uma garagem, mas essa era minha esperança. Depois do café da manhã, lá fomos nós.

Nossa garagem de duas vagas estava cheia de coisas, como sempre. Caixas empilhadas ameaçavam cair das prateleiras. As bicicletas estavam entrelaçadas umas às outras, encostadas em uma parede. Uma mangueira de jardim enrolada ocupava um dos cantos. Ancinhos, pás e vassouras para todos os lados. Às vezes tínhamos que entrar e sair dos nossos carros de lado, espremidos por entre a bagunça da garagem.

— Salem — disse eu —, o que precisamos fazer é o seguinte. Esta garagem ficou suja e bagunçada no inverno, então vamos tirar tudo e espalhar na entrada. Depois vamos lavar toda a garagem com a mangueira e, quando secar, colocaremos tudo de volta, de forma mais organizada. OK?

O pequeno assentiu, fingindo entender tudo o que eu tinha acabado de dizer.

Apontei para uma caixa plástica e pedi a Salem para arrastá-la.

Infelizmente, justo aquela caixa estava cheia de brinquedos de verão dele. Como você pode imaginar, assim que meu filho se deparou com brinquedos que não usava havia meses, a última coisa que ele queria fazer era me ajudar a limpar a garagem. Ele pegou um conjunto de bola e taco de beisebol e começou a caminhar para o quintal. Quando já estava saindo, ele parou.

— Você vai brincar comigo, pai? — perguntou, com uma expressão esperançosa no rosto.

— Desculpa, amigão. Não posso — respondi. — Mas podemos jogar assim que eu terminar. Prometo.

Com uma pontada no coração, vi Salem dar a volta na saída da garagem e sumir por ali.

À medida que a manhã avançava, uma coisa foi levando a outra, e a possibilidade de eu poder me juntar ao Salem no quintal começou a parecer cada vez mais remota. Eu ainda estava trabalhando na garagem horas depois, quando Kim nos chamou para almoçar.

Quando saí novamente para terminar o trabalho, notei nossa vizinha June trabalhando em seu próprio jardim, plantando flores e regando as plantas. June era uma senhora idosa de cabelos grisalhos e sorriso gentil, que sempre se interessava pela minha família. Acenei para ela e continuei meu trabalho.

A essa altura, eu estava tentando limpar e organizar todas as coisas que tinha arrastado para fora da garagem durante a manhã. O trabalho era árduo e estava demorando muito mais do que eu havia esperado. Enquanto trabalhava, pensei em todas as vezes que havia me sentido descontente quando cuidava de nossas coisas naqueles tempos. E aquela era mais uma! E para piorar, Salem continuava surgindo do quintal para fazer perguntas ou tentar me convencer a brincar com ele. Toda vez eu dizia: "Estou quase no fim, Salem".

June podia reconhecer a frustração pela minha linguagem corporal e meu tom de voz. A certa altura, quando passamos um pelo outro, ela me disse com sarcasmo: "Ah, as alegrias da casa própria." Ela havia passado a maior parte do dia cuidando da própria casa.

— Bom, você sabe o que dizem — respondi. — Quanto mais coisas você possui, mais suas coisas possuem você.

As palavras seguintes dela mudaram o curso da minha vida.

— Sim — disse ela —, é por isso que minha filha é minimalista. Ela insiste em me dizer que eu não preciso ter todas essas coisas.

Eu não preciso ter todas essas coisas.

A frase reverberou em minha mente quando me virei para olhar os frutos do meu trabalho matinal: uma grande pilha de pertences sujos e empoeirados, empilhados na entrada da garagem. De repente, com o canto do olho, notei meu filho, no quintal, ainda brincando sozinho. A justaposição das duas cenas penetrou fundo no meu coração, e pela primeira vez comecei a reconhecer a razão do meu descontentamento.

Ela estava empilhada na entrada da minha garagem.

Eu já sabia que posses não equivalem à felicidade. Todo mundo sabe, não é? Pelo menos todos nós dizemos saber que nossas coisas não nos trarão verdadeira satisfação. Porém, naquele momento, enquanto eu examinava a pilha de coisas na garagem, outra percepção me ocorreu: *Minhas posses não estão trazendo felicidade para minha vida, mas não é só isso. Elas estão realmente me distraindo das coisas que realmente trazem!*

Corri para dentro da casa e encontrei minha esposa no andar de cima, esfregando a banheira. Ainda tentando recuperar o fôlego, eu disse: "Kim, você não sabe o que aconteceu. A June disse que não precisamos ter todas essas coisas!"

Naquele momento, nascia uma família minimalista.

Um Novo Chamado

Naquele fim de semana, Kim e eu começamos a conversar sobre as coisas das quais poderíamos nos livrar para simplificar nossas vidas e voltar o foco para o que realmente importava para nós. Começamos a vender, doar e jogar fora coisas de que não precisávamos. Em seis meses, nos livramos de 50% de nossos pertences. Rapidamente começamos a ver os benefícios do minimalismo e a desenvolver uma filosofia de como todos podem se beneficiar de uma vida mais simples e com propósito.

Fiquei tão empolgado que, no fim de semana do Memorial Day, criei um blog — chamado *Becoming Minimalist* — para manter nossos parentes atualizados sobre nossa jornada. Começou como nada mais que um diário online para mim. Contudo, algo incrível aconteceu: pessoas que eu não conhecia começaram a ler o blog e a contar aos amigos sobre ele. A quantidade de leitores cresceu às centenas, depois aos milhares, depois às dezenas de milhares... E os números não paravam de crescer.

Eu pensava: "O que está acontecendo aqui? O que significa isso?"

Por anos fui pastor do ministério estudantil em várias igrejas. Em Vermont, nosso ministério era o maior na Nova Inglaterra. Eu adorava ajudar alunos do ensino fundamental e médio a encontrar um significado espiritual maior para suas vidas. Porém comecei a sentir que o blog sobre minimalismo desempenhava um papel no destino da minha vida.

Comecei a receber e-mails com perguntas específicas sobre ter menos coisas, solicitações de canais de mídia e pedidos de palestras. Promover o minimalismo se tornou uma paixão profunda e duradoura para mim. Percebi que essa era uma mensagem importante — uma mensagem que poderia ajudar pessoas de todas as origens e convicções espirituais, do mundo todo, a melhorar suas vidas. E pensei que talvez eu precisasse promover o minimalismo em tempo integral.

Como uma transição experimental, em 2012, concordei em me mudar para o Arizona e passar dois anos ajudando um amigo a abrir uma igreja, enquanto, ao mesmo tempo, eu criava os alicerces para uma nova carreira. Ao final desses dois anos, fiz a transição para promover em tempo integral os benefícios de possuir menos.

Hoje, o blog está mais forte do que nunca, com mais de 1 milhão de leitores por mês. Eu também tenho uma newsletter e publiquei livros. Cada vez mais me pedem para falar em conferências de sustentabilidade, reuniões de filiais de organizações profissionais, eventos empresariais, conferências cristãs e outras reuniões. As oportunidades de compartilhar o minimalismo continuam a aumentar.

Aprendi muito sobre minimalismo nesses anos desde minha experiência com a limpeza da garagem. As melhores das minhas descobertas estão aqui em *Viva Mais, Tenha Menos*. No entanto, o ponto ao qual continuarei voltando é o mesmo insight que tive naquele primeiro dia: nosso excesso de posses não está nos tornando felizes. Pior ainda, está nos afastando das coisas que o fazem. Quando abandonamos as coisas que não importam, estamos livres para buscar tudo que realmente importa.

Esta é uma mensagem desesperadamente necessária em uma sociedade fortemente motivada pela possibilidade de se possuir grandes quantidades de coisas. E acredito que lhe trará vida nova e mais alegria.

O QUE OS SEUS ARMÁRIOS ESTÃO LHE DIZENDO

Will Rogers uma vez disse: "Muita gente gasta o dinheiro que não ganhou para comprar coisas que não quer para impressionar pessoas de quem não gosta."[1] Sua análise é mais verdadeira hoje do que quando ele a pronunciou pela primeira vez. Suspeito ser verdadeira em todas as nações mais ricas do mundo. Porém deixe-me tomar meu próprio país — os Estados Unidos — como exemplo.

Nos Estados Unidos, consumimos o dobro de bens materiais do que consumíamos cinquenta anos atrás.[2] Durante o mesmo período, o tamanho do lar norte-americano comum quase triplicou, e hoje a casa comum contém cerca de 300 mil itens.[3] Em média, nossas casas contêm mais televisores do que pessoas.[4] E o Departamento de Energia dos EUA relata que, devido à desorganização, 25% das pessoas com garagens de duas vagas não têm espaço para estacionar os carros dentro delas, e outros 32% têm espaço para apenas um veículo.[5] A organização doméstica, serviço que busca encontrar lugar para toda a nossa desordem, é agora uma indústria de US$8 bilhões, crescendo a uma taxa de 10% ao ano.[6] E ainda, uma em cada dez famílias norte-americanas aluga armazenamento externo — o segmento do setor imobiliário comercial de crescimento mais rápido nas últimas quatro décadas.[7]

Não é de admirar que tenhamos um problema de dívida pessoal. A dívida de cartão de crédito média por família é superior a US$15 mil, enquanto a dívida média da hipoteca é superior a US$150 mil.[8]

Vou parar por aqui com a lista de estatísticas, porque não quero desanimá-lo. Além disso, você não precisa de estatísticas e pesquisas para o ajudar a reconhecer que provavelmente possui coisas demais. Você pode perceber isso ao caminhar pela casa todos os dias. O espaço onde você vive está cheio de bens de todos os tipos. O chão está todo ocupado. Os armários estão cheios. As gavetas estão transbordando. Até o freezer não consegue abrigar todos os alimentos que você deseja colocar nele. E parece que nunca há espaço suficiente na despensa.

Não estou certo?

Embora você provavelmente goste da maioria das coisas que possui, suspeito que, no entanto, você tem a sensação de que é demais e quer fazer algo a respeito disso. Entretanto, como é que você pode saber o que manter e o que jogar fora? Como você faz para livrar sua vida de coisas desnecessárias? Quando saberá que atingiu o nível certo de acumulação?

Você pode ter pegado este livro esperando obter ideias sobre como organizar sua casa. Você vai tê-las, prometo. E muito mais! Vou mostrar como encontrar a vida que você quer e que está escondida sob todas as coisas que possui. É a mensagem "menos é mais" com ênfase no "mais".

A recompensa não é apenas uma casa limpa — é uma vida mais satisfatória e mais significativa. O minimalismo é uma chave indispensável para a vida melhor que você vem procurando.

Serei honesto. No fundo, tenho um grande sonho para este livro: quero apresentar ao mundo o minimalismo. Em média, pelo menos em meu país, vemos 5 mil anúncios todos os dias nos dizendo para comprar mais coisas.[9] Quero ser uma voz que nos incita a comprar menos, porque os benefícios potenciais para o nosso mundo são incalculáveis quando centenas, milhares, milhões de vidas são transformadas pelo minimalismo.

Os benefícios Universais do Minimalismo

Há mais prazer a se encontrar em possuir menos do que em buscar mais. Em um mundo que o tempo todo nos diz para comprar mais e mais, frequentemente perdemos isso de vista. Contudo, considere os benefícios que geram vida. Você pode esperar benefícios em todas as seguintes áreas se praticar os princípios ensinados em *Viva Mais, Tenha Menos*.

- *Mais tempo e energia.* Quer estejamos trabalhando por dinheiro para adquirir bens, pesquisando e comprando-os, limpando, organizando ou consertando-os, trocando ou vendendo nossos pertences, eles consomem nosso tempo e energia. Então, quanto menos coisas tivermos, mais tempo e energia teremos para devotar a outras atividades que são mais importantes para nós.

- *Mais dinheiro.* É bem simples: comprando menos coisas, gastamos menos dinheiro. Não apenas para adquiri-las, mas também para lidar com nossos bens e mantê-los. Talvez seu caminho para a liberdade financeira não venha de ganhar mais, mas de possuir menos.

▶▶ **Mais generosidade.** Viver um estilo de vida menos materialista e menos custoso nos proporciona uma oportunidade para apoiar financeiramente causas com as quais nos importamos. Nosso dinheiro vale de acordo com a forma como o gastamos, e existem inúmeras oportunidades que valem muito mais do que a acumulação material.

▶▶ **Mais liberdade.** O excesso de posses tem o poder de nos escravizar fisicamente, psicologicamente e financeiramente. Coisas pesam e são difíceis de transportar. Sobrecarregam o espírito e nos sentimos pesados. Porém, sempre que eliminamos algo desnecessário, recuperamos um pouco de liberdade.

▶▶ **Menos estresse.** Cada novo pertence aumenta a preocupação em nossas vidas. Imagine dois cômodos: um abarrotado e bagunçado, e outro arrumado e espaçoso. Qual deles o deixa ansioso? Qual deles faz você se sentir calmo? Bagunça + excesso = estresse.

▶▶ **Menos distração.** Tudo ao nosso redor compete pela nossa atenção. Essas pequenas distrações podem se somar e nos impedir de dar atenção às coisas que importam para nós. E nos dias de hoje, quem precisa de mais distração?

▶▶ **Menos impacto ambiental.** O consumo excessivo acelera a destruição dos recursos naturais. Quanto menos consumimos, menos danos causamos ao meio ambiente, e isso beneficia a todos, inclusive as gerações de nossos filhos e netos.

▶▶ **Pertences de melhor qualidade.** Quanto menos dinheiro você gastar em um excesso de coisas, maior será sua capacidade de comprar bens de melhor qualidade quando precisar. O minimalismo não é necessariamente o mesmo que frugalidade. É uma filosofia que reconhece que possuir mais coisas não é melhor; possuir coisas melhores é melhor.

▶▶ **Um exemplo melhor para nossas crianças.** Qual é a frase de três palavras mais comum que nossos filhos ouvem de nós? É "eu amo você"? Ou é "eu quero isso", "está em promoção" ou "vamos fazer compras"? É importante dar aos nossos filhos estrutura para contra-atacar a propaganda de um estilo de vida descontrolado que os atinge.

▶▶ **Menos trabalho para os outros.** Se não nos esforçarmos para escolher e reduzir nossas posses, então, quando morrermos, ou chegarmos ao ponto em que não pudermos mais cuidar de nós mesmos, outra pessoa (provavelmente um ente querido) terá que assumir esse fardo. Seguindo o caminho minimalista, tornamos a tarefa mais fácil para essa pessoa.

▶▶ **Menos comparações.** Nossas tendências naturais nos levam a comparar nossas vidas com as dos outros ao nosso redor. Isso, somado a um desejo interno de impressionar os outros tendo o máximo de coisas possível, então, é uma receita para o desastre, como Will Rogers disse. Ter menos começa a nos tirar do jogo impossível de vencer da comparação.

▶▶ **Mais contentamento.** Tendemos a pensar que podemos resolver nosso descontentamento ao adquirir um item cuja falta aparentemente nos deixa infelizes. No entanto, os bens materiais nunca vão satisfazer plenamente os desejos do nosso coração (e é por isso que o descontentamento volta após fazermos uma compra). Somente depois de intencionalmente quebrarmos o ciclo de acumular mais e mais, conseguimos começar a discernir as verdadeiras causas do descontentamento em nossas vidas.

Mais tempo, mais dinheiro, menos estresse, menos distração, mais liberdade. Tudo isso soa atraente, não é? Você conhecerá mais sobre esses temas no restante do livro, no qual mostrarei como tornar esses benefícios universais seus também.

Mesmo se esses benefícios universais fossem os únicos motivos para praticar o minimalismo, eles seriam suficientes. Porém tem mais. Há também o benefício *personalizado* que cada um de nós pode obter por meio do minimalismo. Livrar-se do que você não precisa é o primeiro passo para criar a vida que você quer.

REALIZANDO SUAS GRANDES PAIXÕES

Ao abraçarmos o minimalismo, ficamos imediatamente livres para perseguir nossas maiores paixões. Para alguns de nós, faz muito tempo desde a última vez em que tivemos acesso aos recursos necessários para perseguirmos os prazeres de nossos corações — independentemente de como os definamos. Viver com menos proporciona mais tempo para atividades significativas, mais liberdade para viajar, mais clareza em nossa busca espiritual, capacidade mental ampliada para resolver nossos problemas, finanças mais saudáveis para apoiar causas em que acreditamos e maior flexibilidade para seguir as carreiras que mais desejamos.

Eu me vi livre para perseguir uma paixão: convidar outras pessoas a descobrir os benefícios do estilo de vida minimalista. De muitas maneiras, sinto que posso desempenhar o papel de vizinho na vida dos outros. Sou grato por June ter me apresentado ao minimalismo e sou grato por ter a oportunidade de transmiti-lo a outras pessoas.

Outra parte grande dos meus ganhos pessoais com o minimalismo são relacionamentos melhores. Adoro ter mais tempo livre para passar com minha família, parentes e amigos. Ainda colaboro regularmente em minha igreja, me voluntariando para fazer muitas das coisas que costumava fazer como funcionário. Ao mesmo tempo, sou livre para investir em meu relacionamento com Deus com menos distração e mais liberdade, e isso significa tudo para mim.

Andei muito entusiasmado recentemente, pois, com os lucros deste livro, minha esposa e eu pudemos criar uma organização sem fins lucrativos chamada The Hope Effect. A missão é mudar a forma como o mundo cuida de órfãos, estabelecendo um modelo replicável de cuidado com eles que imita a unidade familiar. Quando tivemos a ideia para a organização, Kim e eu dissemos: "Por que não? Vamos fazer algo significativo com nossos recursos." Como nossas obrigações financeiras são modestas, conseguimos fazer isso. Falarei sobre o projeto mais adiante.

Minha vida é a prova: subtrair coisas desnecessárias multiplica as oportunidades de se buscar coisas que realmente importam. O resultado é um crescimento exponencial na satisfação pessoal. Talvez a vida que você sempre quis esteja enterrada sob tudo o que você possui!

Então, deixe-me perguntar, quais são suas maiores paixões não realizadas? O que você pode aproveitar, buscar ou realizar se minimizar suas posses? Quer se conectar mais com entes queridos? Conhecer o mundo? Criar arte? Melhorar seu condicionamento físico? Alcançar segurança financeira? Devotar-se a uma grande causa?

Mantenha esses sonhos em mente enquanto estiver lendo, porque é realmente disso que este livro trata. Ele não trata apenas de possuir menos coisas. Ele fala sobre viver uma vida maior!

O que Esperar

Espero que esteja animado com as possibilidades que este livro representa. Tenho muito mais a lhe dizer, tanto sobre a filosofia quanto sobre os aspectos práticos do minimalismo. Acredito que este é o tipo de livro que vai fazer você olhar para trás e pensar: *Este livro mudou minha vida para sempre!* E espero que você o passe para os outros quando terminar.

Para deixar claro, este não é um livro de memórias sobre minha própria jornada no minimalismo. Embora eu compartilhe um pouco da minha própria história para ilustrar o que estou dizendo e, espero, proporcionar inspiração, o livro não é sobre mim. É sobre você. É sobre as alegrias de possuir menos. É sobre como implementar o minimalismo de uma maneira que transforme sua vida para melhor.

Também apresentarei outras pessoas que se tornaram minimalistas e hoje possuem menos, intencionalmente. Muitas estiveram em situações que você reconhecerá em sua própria vida, e o que elas fizeram com seus hábitos consumistas o dará inspiração e ideias para embarcar em sua própria jornada minimalista. Por exemplo, você conhecerá:

- Troy, que iniciou uma aventura no minimalismo por causa de uma pintura lascada no peitoril da janela.
- Annette, que prefere viajar pelo mundo e decidiu não ter casa própria.
- Dave e Sheryl, que viram desejos criativos e caridosos borbulharem dentro de si quando aderiram ao minimalismo.
- Margot, que se maravilhou ao se livrar de mil itens de sua casa.
- Courtney, que reduziu o estresse e retardou o progresso de uma doença que lhe ameaçava a vida.
- Ryan, que empacotou cada coisa que possuía em caixas, depois tirou apenas aquilo que precisava.
- Sarah, que mudou seus hábitos de compras para sempre, recusando-se a adquirir roupas novas por um ano inteiro.
- Jessica, que desenvolveu a própria filosofia minimalista quando tinha 15 anos.
- Ali, que abriu mão de sua joia mais preciosa — e mudou a vida de pessoas do outro lado do mundo com isso.

Você notará também que mencionarei algumas histórias da Bíblia. Minha formação religiosa desempenhou um papel significativo tanto na minha compreensão como na minha prática do minimalismo. De tempos em tempos, você me verá fazendo essa conexão ao longo do livro.

Se você segue crenças diferentes ou não tem formação religiosa, acredito que achará essas histórias interessantes e úteis. Elas destacam e ilustram algumas verdades universais sobre a vida e o mundo ao nosso redor. Você não vai demorar para reconhecer por que decidi incluí-las.

Com base em minhas experiências ao conhecer pessoas de todo o mundo e falar sobre os benefícios de se possuir menos, não hesito em afirmar que o minimalismo é um modo de vida que pode ser transformador para todos, em qualquer lugar. Continue lendo *Viva Mais, Tenha Menos* e deixe-me provar isso para você. Como uma semente, a mensagem é muito simples e cheia de promessa de crescimento.

É Só Virar a Esquina

Lembro-me do sábado do fim de semana do Dia do Trabalho em 2008. Foi um dia quente de céu limpo, semelhante àquele dia em que fiquei tão frustrado enquanto limpava nossa garagem, três meses antes. Naquele dia, porém, Kim e eu tínhamos pouco trabalho doméstico para fazer. Embora ainda não tivéssemos terminado de minimizar nossa vida, já havíamos reduzido nossas posses a um ponto em que não precisávamos fazer trabalho de casa como fazíamos antes. Assim, nossa família estava livre para passar o dia todos junta, fazendo as coisas de que gostávamos. Passeamos pelas trilhas arborizadas perto de casa, desfrutamos de um almoço descontraído em nossa varanda e empurramos nossos filhos nos balanços.

No início daquela noite, fui com Salem para a rua tranquila em frente à nossa casa. Ele estava aprendendo a andar de bicicleta, e eu estava sendo o pai mais orgulhoso, endireitando o capacete, dando-lhe empurrões para começar a pedalar e correndo para cima e para baixo na rua para ajudá-lo a ficar em pé na bicicleta. Eu estava contente ao vê-lo realmente pegando o jeito da nova habilidade.

Antes de terminarmos, desafiei Salem a dar a volta no quarteirão de bicicleta sem nenhuma ajuda. Eu iria com ele na minha — nosso primeiro passeio de bicicleta juntos.

Quando viramos a esquina, observei um vizinho em sua garagem, com expressão cansada, exasperado e frustrado...

... limpando a garagem! Sorri para mim mesmo.

Algum dia, quando chegasse a hora certa, passaria a ele uma mensagem que mudaria sua vida: você não precisa ter todas essas coisas.

Livramento

O que lhe vem à mente quando você ouve a palavra *minimalismo*?

Como acontece com muitas pessoas, a palavra pode evocar imagens de esterilidade, de ascetismo, de paredes brancas vazias, de uma frugalidade sombria ou de alguém sentado no chão da sala por não ter mobília. Para você, pode parecer um exercício de privação sem propósito. Que coisa chata e sem graça! Quem quereria algo assim?

Porém deixe-me dizer uma coisa: essa visão está muito *distante* daquilo que quero dizer com minimalismo!

Para mim, o minimalismo é exatamente o oposto. Ele é sobre liberdade, paz e alegria. Para mim, trata do espaço que foi aberto para receber novas possibilidades. É realmente um "livramento" porque elimina obstáculos que estão atrapalhando a vida que desejamos viver.

Não estou tão interessado no minimalismo em si quanto desejo ajudar as pessoas a chegar ao nível de posses que vai lhes permitir viver as melhores vidas possíveis. Para aqueles de nós que vivem nas nações mais desenvolvidas, cerca de 98% das vezes isso significa reduzir nossa quantidade de posses, e não aumentá-la. Portanto, por uma questão prática, temos que aprender a habilidade de reduzir.

Com essa base estabelecida, aí vai minha definição.

Minimalismo é a promoção intencional das coisas que mais valorizamos e a remoção de tudo o mais que nos distraia delas.

A beleza do minimalismo não está no que ele leva embora. A beleza e todo o potencial do minimalismo estão no que ele nos oferece.

Troy Koubsky certamente concordaria.

O Nascimento da Esperança

Troy me contou:

"A razão pela qual sou minimalista hoje é a cor da minha casa."

Eu nunca havia ouvido isso antes, então pedi a ele que explicasse o que queria dizer. Troy era um homem alto de uns 40 anos, com cabelos e barba rente ruiva. Estávamos em uma conferência sobre vida simples em Mineápolis quando ele compartilhou sua história.

Troy explicou que, alguns anos antes, havia comprado uma casa contando que um amigo se mudaria junto com ele para ajudar nas contas. Entretanto, por mudanças nas circunstâncias da vida, o amigo se mudou para outro lugar. Em vez de tentar encontrar um novo morador, Troy optou por arranjar um segundo emprego para aumentar sua renda e sustentar a casa por conta própria.

"No fim", disse ele, "a situação começou a pesar. Eu tinha mais dinheiro, mas menos tempo. E para piorar, não consegui economizar nada do excesso de renda. Praticamente tudo ia para o pagamento da hipoteca".

Troy entrou em uma fase de desespero. Começou a comprar e acumular coisas para satisfazer o desejo de controle. Vendas de garagem e prateleiras de liquidação se tornaram suas drogas de preferência. Olhando para trás, ele diz: "Eu estava fora de controle, sem perceber o que estava fazendo comigo mesmo e com meu espaço de vida. Até que notei a pintura da guarnição da minha janela começando a descascar."

Enquanto preparava o reparo da janela, Troy abriu o navegador de internet numa pausa para almoço no trabalho e procurou cores de tinta. A busca retornou tantas opções de cores que, de início, ele se sentiu paralisado.

Ao rolar a tela para baixo, no entanto, ele notou uma imagem diferente das outras. Mostrava a menor casa que ele já tinha visto, de algumas centenas de metros quadrados — uma pequena casa sobre rodas ao estilo norte-americano, com galinhas no jardim da frente.

Troy ficou intrigado. Com apenas alguns cliques, ele imergiu em um mundo de pessoas vivendo deliberadamente em casas menores, com menos coisas. Esse foi o início da jornada de Troy para o minimalismo.

O objetivo imediato dele foi tornar seu lar em um lugar mais habitável. No mês seguinte, Troy removeu 1.389 coisas de casa. Ao final do verão, o número de itens que ele havia eliminado era maior que 3 mil.

"Nem sempre é fácil abrir mão das coisas", Troy me disse, "mas é um processo que eu quero e do qual preciso".

Ele terminou nossa conversa com lágrimas nos olhos. "Eu estava realmente sofrendo, havia tempos, Joshua. Precisava de simplicidade. Precisava eliminar as dívidas. Precisava me livrar das coisas que atrapalhavam minha vida. Porém, principalmente, eu precisava de esperança — esperança de que a vida pudesse ser diferente, melhor. O processo de me tornar minimalista e viver com menos me proporcionou isso."

Aí está: minimalismo é proporcionar coisas, e não tirá-las de você. É a promoção intencional daquilo que mais valorizamos e a remoção de tudo que nos distraia disso. É uma nova maneira de viver que nos enche de esperança.

Mantendo essa perspectiva firme na mente, deixe-me tentar esclarecer dois equívocos comuns sobre o minimalismo.

Equívoco 1: Minimalismo É Abrir Mão de Tudo

Acho curioso que algumas pessoas pensem que minimizar significa jogar tudo fora, ou pelo menos quase tudo. Não é nada disso. Minimalismo é viver com menos e, como costumo dizer, menos não é o mesmo que nada.

Se você entrasse na minha casa hoje, provavelmente não diria imediatamente que uma família minimalista mora lá. Em nossa sala de estar, você encontraria um sofá com espaço para quatro pessoas, uma foto de família, um tapete, uma mesa de centro e nossa única televisão. Em nosso armário de casacos, você veria jaquetas, bonés de beisebol e alguns acessórios para o inverno. Nos quartos dos nossos filhos, você encontraria livros, material de papelaria e brinquedos nos armários.

Buscamos viver uma vida minimalista, mas, ao mesmo tempo, ainda somos seres humanos vivos, que respiram e que estão em transformação. Viver é consumir. Então ainda temos posses. Contudo, trabalhamos duro para escapar do acúmulo *excessivo* de posses.

Às vezes falo "minimalismo racional" ou "minimalismo estratégico" para passar o que quero dizer. Não prego que devemos nos livrar de tudo que seja humanamente possível. Encorajo as pessoas a se livrar do que não é necessário para que possam ir atrás de seus objetivos da melhor forma.

Sou apaixonado pela minha espiritualidade, pela minha família e por gostar dos outros e influenciá-los. Concentro-me nessas prioridades acima de tudo. O minimalismo é um meio para esses fins. Ele remove as distrações físicas para que eu possa realizar minhas prioridades. Então, eu me livro do que preciso sem dó a fim de ser fiel aos meus objetivos. No entanto, se há coisas que me ajudam a viver do jeito que preciso, eu as mantenho e aproveito. Não me sinto culpado por elas de forma alguma.

Pode ser que o mesmo lhe aconteça ao escolher o caminho do minimalismo. Não cometa o erro de pensar que você tem que viver sem nada. Viva com quaisquer bens que lhe deem a vida que você busca.

Equívoco 2: Minimalismo É Organizar Todas as Suas Coisas

A organização tem seu papel. Porém não é o mesmo que minimizar.

Pense nisso. Organizar nossas coisas (sem eliminar o excesso) é apenas uma solução temporária. Temos que refazer isso constantemente. Como minha colega minimalista Courtney Carver diz: "Se organizar as coisas funcionasse, você já não teria terminado a essa altura?"

Em essência, organizar é simplesmente rearrumar. E apesar de podermos encontrar soluções de armazenamento hoje, seremos forçados a encontrar outras delas amanhã. Além disso, organizar as coisas (sem removê-las) traz algumas deficiências importantes:

- *Organizar não beneficia mais ninguém.* Os bens que raramente usamos ficam em prateleiras em nossos porões, sótãos e garagens, sem trazer qualquer benefício, enquanto outras pessoas ao nosso redor poderiam usá-los.

- *Organizar não resolve problemas de dívidas.* Isso nunca chega a abordar a questão subjacente de que compramos muito. Na verdade, por vezes o ato de reorganizar nossas coisas nos custa ainda mais, se compramos recipientes, unidades de armazenamento ou casas maiores para abrigá-las.

- *Organizar não reduz nosso desejo por mais.* O ato de organizar nossas coisas em caixas, compartimentos de plástico ou armários extras tem tudo a ver com manter nosso excesso de acumulação. Portanto, a organização raramente frustra nossa inclinação cultural de encontrar a felicidade em nossas posses.

- *Organizar não nos força a reavaliar nossas vidas.* Embora reorganizar nossas coisas possa nos levar a olhar para cada uma delas, isso não nos leva a questionar-nos se precisamos mantê-las. Muitas vezes, nós apenas as colocamos em caixas e fechamos as tampas, esquecendo delas mais uma vez.

> ▶▶ *Organizar ajuda pouco no caminho para outras mudanças.*
> A organização pode dar uma força temporária às nossas atitudes, pois resulta em espaços mais arrumados, mas raramente se constitui numa mudança real de estilo de vida. Em nossas mentes, nossa casa ainda é pequena, nossa renda ainda é pouca e ainda não encontramos tempo sobrando. Podemos ter reorganizado nossas coisas, mas não nossas vidas.

Em contraste, o ato de eliminar objetos de nossas casas realiza muitos desses propósitos ignorados. Muda nossos corações e nossas vidas. Além disso, é uma solução permanente, e não temporária, que temos que ficar repetindo. Uma vez removido um item, ele se foi para sempre.

Organizar é melhor que nada. Porém minimizar é muito melhor.

A HISTÓRIA FALA POR SI

Encontrar a vida que queremos não é abrir mão de tudo. Também não é manter tudo, tentando apenas organizar melhor. Trata-se de reduzir o número de nossas posses a um nível que nos torne livres.

Acho fascinante que a sabedoria das eras e dos mestres concorde com o valor dessa abordagem de vida.

Quando minha esposa e eu começamos a organizar nossa casa e eliminar aquilo que não era essencial, eu comentava frequentemente com ela: "Isso é fantástico. Possuir menos coisas é tão libertador! Fico pensando, por que ninguém me disse isso antes?"

Em pouco tempo, porém, comecei a me examinar. Será mesmo que ninguém havia me falado sobre minimalismo antes? Ou será que eu simplesmente não estava escutando?

Na minha cabeça, comecei a relembrar sermões que havia ouvido sobre os perigos espirituais do materialismo. Além disso, ao longo da minha vida, eu havia lido e ouvido dezenas de desafios para rejeitar as promessas vazias do consumismo e seguir um caminho baseado em valores mais elevados.

Comecei a pesquisar e descobri que o minimalismo não é um movimento novo. Seja especificamente rotulado como *minimalismo* ou não, ele vem sendo praticado e incentivado há milhares de anos — bem antes de nossa sociedade atual com seus bens de produção em massa, da expansão urbana e até mesmo em períodos anteriores à Revolução Industrial. Sob todos os tipos de condições econômicas, o minimalismo foi promovido como um modo de vida gratificante.

Hoje, reconhecemos algumas das pessoas que, nos últimos séculos, encorajaram essa abordagem à vida, incluindo Henry David Thoreau e John Ruskin. Cheguei a ouvir pessoas se referirem a eles como "pais do movimento minimalista". Porém o minimalismo já precede a todos eles — e de longe. O estilo de vida minimalista pode estar ganhando popularidade hoje, mas não é nada novo.

Duane Elgin, que muitas vezes recebe o crédito por ter trazido a expressão *simplicidade voluntária* para o debate público, disse-me assim: "Eu digo às pessoas que sou o 'tataratataraneto' desse movimento que começou alguns milhares de anos atrás com os ensinamentos de Jesus, Buda e outros grandes sábios que compreenderam o valor da simplicidade. O que é novo não é o valor da simplicidade, mas as condições do mundo no qual ela é compreendida."

Viver com menos sempre foi algo libertador e vitalizante, que preenche as pessoas de esperança e propósito. Isso permitiu que os seres humanos se expandissem em espírito e que vivessem como algo mais do que meros acumuladores de posses. E, portanto, o minimalismo não é uma abordagem totalmente nova à vida, inventada como resposta à nossa superprodução de bens de consumo. Pelo contrário. Nossos líderes espirituais mais confiáveis o vêm promovendo há séculos.

Isso inclui a pessoa que moldou minha visão de mundo mais do que qualquer outra: Jesus.

O Jovem e Rico Antiminimalista

A certa altura dos anos de ensinamentos de Jesus, um jovem oficial o abordou com uma pergunta que dificilmente poderia ter sido mais importante e consequente. "Bom, mestre", ele perguntou a Jesus, "o que devo fazer para merecer a vida eterna?".

A resposta de Jesus foi uma surpresa e um choque para todos. Ele disse: "Venda tudo o que você possui e dê aos pobres. Você terá riquezas no céu. Então venha, siga-me."

O historiador que narrou a cena comentou: "Essa era a última coisa que o oficial esperava ouvir. Ele era muito rico e ficou terrivelmente triste. Ele estava apegado a muitas coisas e não estava disposto a largá-las."[1]

Como mencionei no capítulo anterior, a espiritualidade moldou minha busca e definição de minimalismo. Contudo, para mim, o minimalismo também lançou uma nova luz sobre ensinamentos espirituais importantes com os quais eu já estava familiarizado. E neste em particular.

Veja só, eu costumava ler o que Jesus havia dito sobre doar posses e dinheiro e pensar: *Isso parece uma receita para uma vida miserável. Será que era realmente isso que ele queria dizer?* Em um mundo que muitas vezes define a felicidade em termos da quantidade de coisas que podemos acumular, a instrução de Jesus não faz sentido. No máximo, eu acrescentaria este raciocínio: *Talvez, se eu sacrificar minhas coisas na Terra hoje, eu receba recompensas quando chegar ao céu. Essa deve ser a troca que Jesus tinha em mente.*

Porém esse pensamento não se alinha com outras coisas que Jesus disse. Por exemplo, em certa ocasião, Jesus declarou: "Eu vim para que [vocês] possam ter... Vida de verdade, uma vida melhor do que vocês jamais sonharam."[2] O ensinamento de Jesus sempre foi tirar o máximo proveito de cada dia de nossas vidas na terra, e também na eternidade.

No entanto, quando minha família e eu começamos a minimizar nossas posses e a experimentar todos os benefícios que listei, as palavras de Jesus ao jovem oficial rico começaram a ter um novo sentido para mim.

Jesus estava dizendo: "Venda seus bens e os dê aos pobres, porque suas coisas são um fardo desnecessário para você! Elas estão impedindo-o de experimentar a vida eterna e abundante sobre a qual está me perguntando. Tenha menos coisas. Suas coisas estão impedindo-o de se tornar tudo aquilo que pretende ser."

As instruções de Jesus não eram apenas um teste da fé humana ou um chamado para um sacrifício sobre-humano, e sim uma afirmação da verdade. Era um convite para uma vida melhor. As posses do homem estavam impedindo-o de viver de verdade!

Essa é uma verdade que pessoas de todas as convicções espirituais podem abraçar. Para dar um exemplo, desejo lhe contar sobre minha amiga Annette.

A "Sem Lugar Fixo"

Annette Gartland é uma jornalista irlandesa freelancer que vive principalmente no Sudeste Asiático. Ela passa a maior parte do tempo na Malásia, viaja com frequência para a Austrália e Indonésia, quando pode, vai à Índia, visita a Irlanda e a França uma vez por ano e tem vários outros países na lista para o futuro.

Ela diz que é o minimalismo que lhe permite fazer tudo isso. Annette não tem casa permanente nem carro. Ela é uma nômade digital desde janeiro de 2013, quando decidiu deixar a França. Ela se autodenomina uma "sem lugar fixo".

"Depois que perdi um contrato de trabalho importante em 2009, recebi uma compensação e decidi viajar", ela me contou. "Foi maravilhoso transitar com pouca bagagem. Eu ficava três ou quatro meses fora e, cada vez que voltava para casa, me sentia sufocada com todas as coisas na minha casa, o custo do aluguel e das contas e de ter que manter um carro."

Foi quando ela decidiu reduzir seus pertences a um mínimo e tornar-se completamente nômade.

Annette precisou de três meses de trabalho quase constante para esvaziar a casa dos seus bens acumulados (eu não disse que se tornar minimalista é rápido ou fácil!). Ela doou a maioria das coisas; vendeu apenas alguns equipamentos de alta tecnologia, alguns móveis e roupas.

Como era de se esperar, Annette achou mais difícil se livrar de algumas coisas do que de outras. "Ainda tenho vários pares de sapatos guardados em caixas e alguns livros e documentos", diz ela. "Ser minimalista não significa doar tudo. Significa ter apenas as coisas que realmente precisamos. E a eliminação é um processo; realmente leva tempo."

Adicionalmente, *permanecer* no caminho minimalista é um desafio diário para Annette. Coisas se acumulam rapidamente. "Quando vou a eventos como jornalista", diz ela, "por vezes recebo camisetas, DVDs ou livros. Recebo calendários e todos os tipos de lembranças". Às vezes Annette consegue passar adiante coisas que não quer para outros imediatamente, mas outras vezes ela as coloca em uma bolsa e seleciona-as quando pode.

Viajar frequentemente demanda de Annette bastante organização quando ela decide o que levar na viagem seguinte, mas ela vê o lado positivo desse trabalho. "Há grande benefício em ter que organizar minhas coisas regularmente. Estou bem ciente de tudo o que possuo e me forço a ser honesta sobre precisar de algo ou não."

Annette se hospeda em hotéis ou em apartamentos de compartilhamento temporário, e às vezes é ela quem hospeda outros. Um dos principais benefícios de seu modo de vida é ter tempo e energia para se dedicar ao desenvolvimento de seu próprio site de notícias ambientais, o Changing Times.[3]

Ela declara: "Vejo amigos cujo tempo e dinheiro são consumidos lidando com casas enormes e jardins e administrando seus estilos de vida caros, e fico feliz por poder me concentrar em escrever o que quero. Também adoro poder ir aonde quiser, logo que decido ir."

Agora, imagino que seu estilo preferido de viver com menos vai ser diferente do de Annette. Na verdade, o minimalismo é único na vida de cada pessoa. Este é o assunto que abordaremos no próximo capítulo: como viver uma vida minimalista de maneira que seja natural e apropriada para você.

Porém, em todos os casos, o minimalismo libera você para viver uma vida melhor. Não é isso o que você quer?

Independentemente de qualquer equívoco que você possa ter originalmente conectado à ideia do minimalismo, agora você sabe a verdade. O minimalismo é a promoção intencional das coisas que mais valorizamos e a remoção de qualquer coisa que nos distraia delas. É para todos que querem mais de menos.

3
Minimalismo do Seu Jeito

Quando comecei a pesquisar sobre o minimalismo, rapidamente descobri duas coisas. Primeiro, que havia muitas pessoas buscando o minimalismo, muito mais do que eu tinha noção. Era um movimento genuíno acontecendo em todo o mundo, apesar de, na maioria das vezes, estar pouco visível. Em segundo lugar, os minimalistas que encontrei praticavam o minimalismo de uma variedade incrível de jeitos.

>> Dave Bruno limitou suas posses físicas a uma centena de coisas, enquanto trabalhava em uma universidade em San Diego. A *Newsweek* publicou a história, e o "Desafio de 100 Coisas do Dave" (originalmente, "Dave's 100 Thing Challenge") estava se tornando uma tendência crescente entre os minimalistas, gerando desafios ainda mais drásticos (tais como possuir apenas 75, 50 ou até apenas 12 coisas).

>> Colin Wright colocou todos os seus pertences em uma mochila e mudava-se para um novo país a cada quatro meses. Para tornar o estilo de vida ainda mais interessante, ele convidava leitores de seu site a votar no país seguinte ao qual ele deveria ir.

▶▶ Tammy Strobel morava com o marido e o gato em uma casa de 12 metros quadrados em Portland. Os Strobel haviam acumulado mais de US$30 mil em dívidas e adotaram a vida minimalista como forma de superá-las. Porém eles se apaixonaram tanto por aquela vida que continuaram a viver numa minicasa, mesmo depois de terem quitado as dívidas, tornando-se embaixadores dessa opção de moradia.

▶▶ Leo Babauta, um minimalista com seis filhos, havia se mudado recentemente de Guam para São Francisco, levando apenas uma mala para cada membro da família. Leo dá crédito ao minimalismo por tê-lo ajudado a quitar dívidas, perder peso, parar de fumar e deixar o emprego que não ele aguentava mais.

Adicionalmente, Francine Jay, Everett Bogue, Karen Kingston, Adam Baker e outros moldaram minha jornada inicial pelo minimalismo.[1]

Cada uma dessas pessoas e muitas outras enalteciam o novo estilo de vida delas. Eu leio suas histórias quase todos os dias para me inspirar. E não deixei de notar que todos eles alcançavam seus objetivos de maneiras muito diferentes.

Então, dei o passo crucial de aplicar esse insight a mim mesmo.

Apesar de haver muitos exemplos a seguir se assim quiséssemos, minha esposa e eu não precisávamos praticar o minimalismo de alguma maneira específica. Não havia fórmula a seguir, nenhum padrão a ser alcançado. Estávamos livres para criar nosso próprio estilo de minimalismo, da maneira que fosse melhor para nós. Que alívio!

Você também pode estar sentindo alívio por perceber que não precisa se preocupar com as expectativas dos outros a respeito de como buscar uma vida minimalista. Talvez em algum momento você tenha ficado relutante em experimentar o minimalismo porque temia ter que fazer algo que não queria. Entretanto, agora você sabe que esse é um medo desnecessário.

Ser um nômade global sem endereço fixo funciona para Annette Gartland e Colin Wright (Capítulo 2) perfeitamente. Porém, se esse não é o seu sonho, não tem problema.

Se tem a sensação de que seu número ideal de bens é bem mais do que cem, não há problema.

Se a ideia de morar em uma minicasa não se encaixa nos seus objetivos de vida, novamente: sem problemas!

Você realmente não precisa da minha permissão, mas, se ajudar, deixe-me assegurá-lo que está tudo bem — de fato, é desejável — no fato de você encontrar seu próprio caminho para um estilo de vida minimalista. Isso não significa que você não fará grandes mudanças em sua vida. Provavelmente você precisa se livrar de muita tralha para se libertar. Uma grande reestruturação o aguarda. No entanto, esse será o tipo específico de mudança que você precisa, e não outra pessoa. E ficará feliz quando a fizer.

E não é só o fato de ser livre para moldar sua abordagem pessoal ao minimalismo com suas próprias preferências. Mais importante que isso, neste capítulo, quero encorajá-lo a moldar o minimalismo com base em seus propósitos. Da melhor maneira possível, identifique a vida que deseja levar, e depois busque o tipo de minimalismo que o levará até lá.

Seja o que for que fizermos, não vamos começar sendo rígidos. É bem fácil acabarmos sendo dogmáticos, mas se mantivermos o foco em nossos propósitos, isso nos impedirá de cair nessa armadilha.

Depende

No capítulo anterior, analisamos o incidente em que um jovem oficial rico abordou Jesus com uma pergunta sobre a vida eterna. Jesus disse a ele para vender o que possuía e dar o dinheiro aos pobres.

Conheço muitos cristãos que leram a história e tentaram racionalizá-la. "Jesus não quis dizer que ele deveria entregar tudo *de verdade*."

(Tenho certeza de que houve momentos em que eu mesmo disse a mesma coisa.) Somos tão apegados ao nosso dinheiro e nossas posses que pensar em viver sem eles é algo ameaçador.

Por outro lado, ao longo da história, alguns cristãos (reconhecidamente um número muito menor) conheceram a história do jovem oficial rico e tentaram aplicá-la da forma mais ampla. Eles pensaram que, para serem fiéis a Deus, as pessoas deveriam abrir mão de praticamente tudo que possuem. Presumiram que a única vida virtuosa é aquela despojada de riquezas, posses e até mesmo de um lar.

Ambos os extremos — aplicação das palavras de Jesus de modo exíguo ou excessivo — são erros. Na verdade, praticar o minimalismo me ajudou a ver que a perspectiva de que apenas uma forma é a correta em relação ao que possuímos estava longe do pensamento de Jesus.

Para explicar, deixe-me contar outro incidente da vida de Jesus. Durante suas viagens, Jesus chegou a um local chamado Gerasa, e encontrou uma alma torturada, um homem perseguido por uma turba de demônios. As pessoas que moravam nas proximidades o temiam, então tentavam prendê-lo, mas, com sua força imensa, ele sempre se libertava. Não sendo mais bem-vindo entre os vivos, ele vagava entre os mortos no cemitério. Por vezes seus gritos ecoavam pelo campo. Ele se cortava com pedras; era uma figura triste e assustadora.

Esse homem se aproximou de Jesus, que teve compaixão dele, assim como teve do jovem oficial rico. Jesus expulsou os demônios. Podemos apenas imaginar que admiração e gratidão o homem deve ter sentido por ele. Imediatamente, o homem se acalmou. Como estava quase nu, Jesus encontrou uma muda de roupas para ele.

Logo depois, Jesus teve que partir. O homem renovado odiou a ideia de se separar dele tão rápido. Os doze discípulos viajavam com Jesus; ele não poderia fazer o mesmo? "Quando Jesus estava entrando no barco, o homem, livre dos demônios, implorou para ir junto."

Observe que essa é exatamente a atitude que Jesus queria que o jovem oficial rico tivesse tido! Jesus pediu ao oficial que vendesse tudo e o seguisse. E, de fato, quando lemos os Evangelhos, vemos que Jesus rotineiramente chamava as pessoas para deixar tudo e segui-lo. Então você não acha que Jesus diria ao homem de Gerasa: "Claro, suba aqui. Sua ajuda será muito útil em nosso destino"?

Porém não foi o que aconteceu, e Jesus respondeu de maneira completamente inesperada, dizendo: "Vá para casa, para o seu povo. Conte a eles sua história — o que o Mestre fez, e como ele teve misericórdia de você."[2]

Esse contraste é importante:

- Na história do jovem oficial rico, Jesus disse: "Venda tudo o que você possui e dê aos pobres. Então venha, siga-me."

- Na história do mendigo de Gerasa, Jesus lhe deu uma muda de roupas e disse: "Volte para sua casa. Conte a eles sua história."

Vamos perguntar a nós mesmos: por que Jesus disse a esse segundo homem que ficasse com sua casa, e disse ao oficial rico e a outros para venderem tudo?

Resposta: porque foram chamados a cumprir diferentes papéis com suas vidas. Eles foram criados para propósitos únicos.

Vemos uma variedade de propósitos semelhante entre os cristãos hoje.

Parece que Deus ainda clama alguns cristãos a abandonar tudo. Penso em Madre Teresa em Calcutá. Em Shane Claiborne, um monástico contemporâneo da Filadélfia. Em Jan e Ellen Smit, que deixaram sua casa para fundar um orfanato para as filhas de mulheres prisioneiras na Tailândia. Todos foram motivados pelo amor por Cristo.

Contudo muitos outros receberam um chamado diferente. Foram chamados para serem fazendeiros, banqueiros, escritores, advogados ou professores. Não foram chamados a abandonar seus lares por causa do

Evangelho. Exatamente o contrário — como o homem de Gerasa, eles foram instruídos a voltar para casa!

Se estamos nessa segunda categoria, isso significa que devemos comprar a maior casa que nosso corretor diz que podemos bancar e encher todos os armários até eles transbordarem? Claro que não. Ainda encontramos verdade nas palavras de Jesus ao jovem rico: o excesso de posses nos atrapalha para cumprirmos nosso propósito. E, com certeza, fomos criados para algo maior!

Em vez disso, temos grandes sonhos para nossas vidas. Buscamos o melhor que podemos realizar com a única vida que nos foi dada. Deciframos quais bens precisamos para cumprir esse papel (um agricultor, por exemplo, precisa de coisas diferentes das de um professor). E então nos recusamos a permitir que qualquer coisa nos impeça de alcançar nosso propósito.

Novamente, independentemente de sua visão espiritual, você tem sonhos, coisas que fervorosamente deseja fazer e está muito preocupado com o potencial de seu futuro. É por isso que, para todos nós, possuir menos é tão importante. Ajuda-nos a fazer o que estamos aptos a fazer, seja lá o que for.

Se necessário, podemos descobrir o que é durante nossa caminhada.

Domine o Poder da Heurística

Algumas pessoas têm uma visão clara de qual é o seu propósito ou objetivo na vida. Para elas, é relativamente fácil criar sua forma individual de minimalismo. Elas só precisam encontrar uma prática que lhes mostre o caminho mais curto entre onde estão e onde esperam estar.

Outras — e não tenho dúvidas de que são a maioria — são menos esclarecidos sobre seus objetivos. Podem ter alguma noção do que querem na vida, mas essa imagem em suas mentes é como uma tela que foi apenas parcialmente pintada. Essas pessoas se sentem insatisfeitas com seus gastos excessivos e superacumulação, e gostariam de fazer uma mudança, mas, pelo menos no início, não são capazes de mapear na totalidade qual deveria ser sua abordagem ao minimalismo.

Eu estava nessa segunda categoria. Você pode estar lá também. Se você passou a vida inteira atrás de coisas que não importam, inicialmente pode ser difícil reconhecer as coisas que realmente importam.

Quero encorajá-lo a começar o processo de minimizar, da maneira que for. Tenho certeza que você tem bens em excesso dos quais deseja se livrar, não importa o quê. Ao fazer isso, o processo de minimização o ajudará a compor sua visão para o futuro. Então, a sua visão sobre o que deseja em desenvolvimento o ajudará a refinar sua minimização.

Acho que você se verá fazendo perguntas como: *Realmente preciso disso? Por que sim ou por que não? Que princípios devem guiar minha escolha de manter ou jogar algo fora? O que eu realmente quero?*

Não é simplesmente um processo de cima para baixo, de definir metas e praticá-las. Nem é inteiramente um processo oposto, de descoberta, de como ter menos à medida que se avança. São ambas as coisas. Você esclarece seus objetivos e cria uma vida menos sobrecarregada ao mesmo tempo.

Depois que minha vizinha June me disse que eu realmente *"não precisava ter todas aquelas coisas"*, Kim e eu começamos a nos livrar de algumas delas. No entanto, isso nos colocou cara a cara com muitas perguntas.

Por exemplo, uma das coisas que entulhavam a garagem era um conjunto de tacos de golfe. Eu raramente os usava. Eu jogaria mesmo tanto golfe no futuro? Se não, valia a pena manter um conjunto de tacos? Decidi que golfe não tinha muita prioridade para mim, então me livrei dos tacos. Também tínhamos uma mesa de jantar de oito lugares, a mesma quantidade de talheres, e éramos uma família de apenas quatro pessoas. Deveríamos ter uma mesa menor e dar metade de nossos talheres? Nesse caso, Kim e eu decidimos que não. Muitas vezes tínhamos convidados ou trazíamos grupos de nossa igreja para casa, então poder receber os visitantes à mesa com comida era importante para nós. Nesse caso, o valor da hospitalidade moldou nossa prática específica de minimalismo.

Dessa forma, a minimização se tornou um processo *heurístico* para nós. Ou seja, uma experiência de aprender fazendo, de aprender à medida que você avança. Recomendo a todo mundo a mesma abordagem.

Comece a se desfazer de coisas e organizar imediatamente. Isso o ajudará a definir seu propósito e seus valores. Por exemplo, pode ficar claro que você deseja gastar menos tempo com coisas para ficar mais com a família e os amigos. Ou, se começar a gastar menos em compras, pode se ver livre para uma mudança de carreira. Ou você pode perceber que deseja se livrar de dívidas para se aposentar mais cedo, ter dinheiro para viajar ou apoiar causas importantes para você.

As especificidades são únicas, como você é único. Você encontrará seu caminho. Só você pode fazer isso, e vai vislumbrar seu destino assim que começar a jornada.

Pergunte aos meus amigos Dave e Sheryl Balthrop.

Uma Viagem para Muito Mais

Na primavera de 2013, Dave e Sheryl fizeram uma longa viagem em seu SUV cinza, partindo da casa deles em Eugene, no Oregon, descendo a bela costa do sul do Oregon e da Califórnia até Santa Bárbara.[3] Para o casal, que finalmente estava tirando uma folga do trabalho e que, com filhos adultos, desfrutava de uma nova liberdade, a viagem foi mais do que apenas relaxar e reconectar. Também foi a hora de focar algo que estava em suas mentes há algum tempo: simplificar suas vidas. Enquanto as imagens do brilhante Oceano Pacífico, de florestas escuras e encostas gramadas passavam pelas janelas do carro, eles ouviam podcasts com as vozes de pessoas minimalistas falando sobre o valor de se possuir menos.

Foi uma transformação de vida.

Durante essa viagem, os Balthrop, que flertavam com a ideia de minimizar, comprometeram-se com ela de todo o coração.

Esse casal ocupado precisava urgentemente de uma mudança. Dave fazia mentoria de pessoas com deficiência e Sheryl era advogada. Ambos foram abençoados com boa saúde, carreiras desafiadoras e uma família amorosa. Porém sentiam que estavam cada vez mais longe de dar conta de tudo. Nunca havia tempo suficiente no dia ou dinheiro suficiente no banco.

Como a maioria dos pais, eles haviam se comprometido a proporcionar a melhor vida possível aos filhos, segundo sua visão. Compraram a casa de seus sonhos, de estilo colonial, em Eugene, e faziam vários empréstimos para ter o conforto e luxo da classe média alta norte-americana. Entretanto, quando os filhos se formaram e começaram a "deixar o ninho", a suspeita incômoda de que algo não estava certo continuou a crescer. Embora tivessem recursos financeiros suficientes, era cada vez mais difícil encontrar tempo para aproveitar a vida com a família, planejar o futuro e cuidar da saúde.

Ao ouvir os podcasts sobre minimalismo, eles reconheceram uma falta de conexão entre o que alegavam ser suas prioridades e a forma como gastavam tempo e recursos. Sheryl disse: "Percebemos que adiamos continuamente as coisas mais importantes para nós: passar tempo com a família, doar-nos, crescer em nossa fé, cuidar de nossa saúde e reservar fundos suficientes para poupança e aposentadoria. Tínhamos sacrificado tudo apenas para manter nossa casa e nossa aparência. Ficamos surpresos ao perceber que havíamos passado mais tempo escolhendo os sofás para nossa sala de estar do que cuidando de nossa própria saúde".

Eles resolveram agir e reduzir as coisas em suas vidas. Venderam e doaram grande parte de seus pertences. E mudaram-se para uma casa muito menor, do outro lado da rua de sua antiga casa.

O resultado? Depois de minimizar suas posses, Dave e Sheryl hoje celebram uma nova vida com menos distração. Finalmente são capazes de priorizar as coisas que mais importam em suas vidas: sua família, sua fé e sua paz de espírito.

Contudo, a história deles não termina aí. Com o alívio de não ter que cuidar de pertences desnecessários, Dave e Sheryl começaram a ver novas paixões surgirem em suas vidas. Dave descobriu o amor pela escrita. Sheryl começou a reconhecer em si mesma uma preocupação com as famílias necessitadas e mudou sua prática jurídica do litígio para a mediação. Ambos desenvolveram o propósito de criar para seus filhos um legado que se estende para além do tamanho da casa deles.

O minimalismo atraiu os Balthrop porque eles reconheceram que seu estilo de vida não correspondia aos seus valores. Porém, ao fazê-lo, criaram margem para descobrir paixões que nem sabiam que tinham.

Seu Propósito, Suas Escolhas

Eu disse no Capítulo 1 que o maior benefício do minimalismo é permitir que você realize suas maiores paixões. No entanto, agora vemos que há mais do que isso, porque o minimalismo pode realmente revelar, ou pelo menos esclarecer, quais são essas paixões.

Mergulhe nisso e comece. Deixe o minimalismo esclarecer seus objetivos e valores, e deixe seus objetivos e valores moldarem sua expressão pessoal do minimalismo.

Vamos lembrar que objetivo do minimalismo não é apenas possuir menos coisas. É aliviar nossas vidas para que possamos realizar mais.

No final, sua prática particular de minimalismo será diferente da de todos os outros, pois sua vida é diferente da dos outros. Você pode ter uma família grande, uma família pequena ou não ter uma família. Você pode morar numa fazenda, numa casa ou em um apartamento. Pode gostar de música, filmes, esportes ou livros. Pode fazer arte, ou não. Talvez você acredite que foi colocado na Terra para oferecer belos jantares ou oferecer sua casa como um local de descanso e retiro para os outros.

Siga suas paixões da melhor maneira possível com os recursos que você possui. Cumpra seu propósito com grande foco, removendo as distrações que o atrapalham. E encontre um estilo de minimalismo que funcione para você, que não seja complicado, e sim libertador.

Observe que sua definição individual de minimalismo não surgirá da noite para o dia. Vai levar tempo para descobrir. Ela vai evoluir, poderá até mudar drasticamente, à medida que sua vida mude. Vai exigir dar e receber. Você vai cometer alguns erros ao longo do caminho. Por isso, sua jornada para o minimalismo também exigirá humildade.

Porém, em última análise, você removerá as coisas desnecessárias de sua vida. E quando o fizer, você encontrará mais espaço para o que realmente importa.

Onde Começar a Personalizar

Mark Twain é creditado pela frase: "Os dois dias mais importantes da vida são o dia em que você nasce e o dia em que descobre o porquê de ter nascido." E eu acrescentaria um terceiro: o dia em que você se livra de toda distração e decide perseguir plenamente seu propósito.

Quando individualiza sua abordagem para simplificar a vida, é mais fácil alcançar isso. É mais confortável. Você fica mais propenso a continuar. E isso o libera para se expressar e tornar-se quem você deveria ser.

Como, exatamente, você consegue fazer isso?

Se deseja esclarecer seus próprios objetivos de vida, meu conselho é começar examinando a si mesmo. Examine seus talentos, habilidades, bem como fraquezas e problemas que fazem seu sangue ferver. Para facilitar, pegue uma folha de papel e escreva suas respostas para estas perguntas:

1. Que experiências, boas e ruins, moldaram sua vida?
2. Que semelhanças você consegue reconhecer em suas realizações mais notáveis?

3. Quais problemas no mundo você mais gostaria de resolver?
4. Se o dinheiro não fosse um problema, qual linha de trabalho mais o atrairia?
5. Que sonhos em sua vida lhe trazem mais arrependimento por não os ter realizado?
6. Qual é o legado que você deseja deixar para a posteridade?
7. Quem você mais admira na vida? Quais características específicas dessa pessoa você desejaria ter?

Continue a definir suas paixões enquanto lê este livro. O tema do grande sonho da sua vida se tornará cada vez mais importante nos capítulos seguintes, culminando no capítulo final.

Porém, por enquanto, comece reconhecendo que você não nasceu para viver a vida de outra pessoa. Você nasceu para viver a sua. Portanto, determine hoje que você será a melhor versão possível de si mesmo, definindo a abordagem do minimalismo que funciona melhor para você.

Vou lhe dar sugestões práticas de maneiras de desempenhar sua própria abordagem ao minimalismo, começando no Capítulo 6. Porém antes precisamos ser honestos sobre as pressões contra as quais temos que lutar: a força externa da propaganda consumista (Capítulo 4) e o "empurrão" interno da ganância materialista (Capítulo 5).

4
A Névoa do Consumismo

No aniversário de 5 anos do meu filho, ele recebeu um vale-presente de uma loja de brinquedos conhecida na cidade.

"O que você quer da loja de brinquedos, Salem?", perguntei a ele.

Sem hesitar, Salem respondeu: "Um skate."

Eu sabia que ele queria um skate havia algum um tempo, e agora ele tinha recursos para comprá-lo, então entramos no carro e fomos até a loja. Eu imaginava que a tarefa seria rápida: escolher um skate, ir ao caixa para pagá-lo, dirigir para casa. No entanto, não foi bem o que aconteceu.

Assim que entramos na loja, Salem foi imediatamente transportado para um mundo diferente. Ficou hipnotizado pelas cores, formas e possibilidades do vasto número de objetos nas prateleiras. Ele queria olhar e tocar tudo: os bonecos de super-heróis, os Legos, os eletrônicos brilhantes e tudo mais.

Peguei a mão dele e o guiei em direção aos skates. Infelizmente, enquanto caminhávamos pelos corredores, passamos por uma gôndola dedicada a brinquedos de dinossauros. Eu sabia que seria um problema, pois, na época, Salem tinha aquele fascínio inexplicável por répteis extintos pelo qual todas as crianças de sua idade passam.

Ele parou na frente de uma barraca que imitava uma caverna. A embalagem mostrava um menino sorrindo de orelha a orelha, enquanto brincava com dinossauros de brinquedo ao redor da barraca.

Solenemente, Salem me disse: "Pai, eu preciso dessa barraca."

"Mas você está economizando dinheiro há meses para comprar um skate", eu o lembrei. "Além disso, você dificilmente brincaria com essa barraca — os dinossauros nem estão incluídos."

Por algum tempo, fomos e voltamos na discussão, ele com razões pelas quais a barraca era essencial para sua felicidade, eu com razões pelas quais comprar a barraca seria um erro.

No fim, firmei minha posição. "Salem, não vamos comprar uma barraca pop-up de dinossauro. Ponto final."

Ele estava quase em lágrimas quando o arrastei para longe da seção de dinossauros. Porém, um pouco mais tarde, quando saímos da loja com um skate conforme havíamos planejado, ele estava sorrindo. Ele andaria com o skate inúmeras vezes nos anos que se seguiriam.

Ao pensar nessa experiência de compra nos anos seguintes, percebi o quanto todos nós somos como crianças de 5 anos quando se trata de comprar e possuir coisas. Somos cativados pelo glamour dos produtos à venda, e não importa se vamos realmente precisar deles ou aproveitá-los por bastante tempo se os adquirirmos.

Uma razão pela qual isso acontece é que fazemos parte de uma cultura voltada ao consumo. O consumismo nos cerca como o ar que respiramos e, assim como o ar, ele é invisível. Mal sabemos o quanto somos influenciados pela filosofia de que devemos comprar, comprar, comprar para sermos felizes. Como descobriremos no próximo capítulo, nossos desejos internos se alinham com essa mensagem externa, e, como resultado, o consumismo parece normal e natural. Seguimos a folia do consumo, e só ocasionalmente sentimos uma pontada de dúvida que nos diz que algo pode estar errado.

A chave para superarmos nossas tendências consumistas é focar o nosso ponto cego e enxergar o que estávamos ignorando. Temos que mensurar a magnitude da propaganda consumista e observar o quanto ela permeia o debate público e nossa própria visão. Também devemos admitir que somos influenciados por ela. Só assim poderemos nos posicionar contra os efeitos do consumismo em nossas vidas.

Devo avisá-lo: reconhecer e rejeitar o consumismo não é fácil. Mas a recompensa vale bem o esforço. Retirar o véu das mentiras do consumismo nos permite encontrar fontes mais confiáveis de felicidade.

Como o Consumismo Passou a Ser Confundido com a Felicidade

A tendência para a ganância e a avidez sempre foi uma fraqueza humana. Contudo, o consumismo que conhecemos hoje é um fenômeno relativamente moderno, que remonta a apenas cerca de um século. Como farei ao longo do livro, usarei meu próprio país como exemplo. Outras nações desenvolvidas podem ter histórias parecidas para contar.

Na década de 1920, quando os Estados Unidos tiveram sua primeira onda de riqueza para grandes faixas da população, os publicitários começaram a deliberadamente vincular na mente do público propriedade com felicidade. Eles receberam ajuda nessa empreitada de especialistas na área da Psicologia. Ernest Dichter, um psicanalista freudiano que dava apoio a anunciantes, disse: "Até certo ponto, as necessidades e desejos das pessoas precisam ser continuamente estimulados."[1]

A mesma estratégia continua em operação. Como um artigo explica,

> Hoje, um iPad, o destino de férias certo ou tênis recém-lançados tornaram-se pré-requisitos para se obter respeito. Certas marcas de cerveja são sinônimo de amizade e senso

de comunidade. Uma casa grande indica status, prova seus ganhos e sua capacidade de sustentar uma família. Claro que tudo isso são ideias criadas por publicitários cujos clientes lucram quando compramos mais do que precisamos.[2]

Publicitários são tão bem-sucedidos em brincar com nossos desejos egoístas que, hoje, *comprar* e *ser feliz* são considerados sinônimos. É como se nosso propósito de vida fosse a autogratificação e comprar fosse a única maneira para isso. Nem pensamos sobre isso — apenas supomos que é assim que funciona.

Pense em quanto essa perspectiva é bem difundida. Nossas ruas estão repletas de shoppings e lojas. Medimos o bem-estar nacional com o produto interno bruto, deficit comercial, confiança do consumidor e taxa de inflação. Todos os cantos de nossa nação foram comercializados, até nossos parques nacionais. Selecionamos nossos líderes políticos quase exclusivamente pelo que eles prometem fazer pela saúde da economia. O sonho americano foi definido em cifrões e metragem quadrada.

Para que seja ainda mais difícil resistir ao consumismo, as melhores mentes de nossa geração usam todas as ferramentas que podem para nos transformar em consumidores mais gananciosos. Comprar coisas novas nunca foi tão fácil — simples como clicar em um único botão.

Hoje, com o aumento da oportunidade para coleta de dados pessoais por meio da tecnologia, o marketing direcionado permitiu que os vendedores se tornassem ainda mais eficazes. Eles não sabem apenas nossa idade, gênero e estado civil. Hoje, as corporações conhecem nosso patrimônio líquido, nossas preferências pessoais, nossos hábitos de compras e nossos livros e filmes favoritos. Sabem onde gastamos, quando e como gastamos. Eles registram todos os dados passíveis de serem coletados de nossos smartphones ou do histórico de nossos navegadores de internet. E usam isso todos os dias para explorar nossas fraquezas.

De certo modo, os profissionais de marketing nos conhecem melhor do que nós mesmos. Alimentam-se de nossas inseguranças e inadequação. A sociedade sequestra nossa paixão e a direciona para bens materiais. Porém ninguém chega ao fim da vida desejando ter comprado mais coisas.

Por quê? *Porque o consumo nunca cumpre totalmente sua promessa de realização ou felicidade.* Em vez disso, rouba nossa liberdade e resulta apenas em um desejo insaciável por mais. Ele traz sobrecarga e arrependimento. Distrai-nos exatamente das coisas que nos trazem alegria.

Agora, resistir ao consumismo não nos trará felicidade em si. Ausência é apenas o nada. O que importa é aquilo com que preenchemos o espaço vazio. Contudo, temos que começar em algum ponto. Resistir ao consumismo pode nos impedir de ser enganados e pode nos dar a possibilidade de encontrar a verdadeira felicidade, seja lá o que ela for para cada um de nós.

No restante deste capítulo, quero destacar três áreas da vida nas quais você pode abrir os olhos para o consumismo, identificando seus efeitos onde talvez não os tenha visto e expondo sua verdadeira natureza:

- as atitudes que você pode ter em relação às propriedades materiais, em função da geração a que você pertence;
- a forma como o mundo lhe ensinou a definir o sucesso; e
- como marqueteiros tentam manipulá-lo quando você compra.

Note Como Sua Geração o Afeta

A exposição do artista chinês Song Dong intitulada *Waste Not* é uma coleção de utensílios domésticos de sua falecida mãe. A instalação inclui todo o seu inventário de bens físicos: copos, potes, bacias, tubos de pasta de dente, camisas, botões, canetas esferográficas, tampinhas de garrafas, bolsas, banheiras, pedaços de barbante, gravatas, tigelas de arroz, bolsas, cordas de pular, bichos de pelúcia e bonecas — 10 mil itens ao todo. Estavam todos amontoados na casa dela em Beijing, que tinha apenas algumas centenas de metros quadrados (a casa é tão pequena que viaja com a exposição).[3]

Quando visitei a exposição anos atrás no Museu de Arte Moderna de Nova York, senti uma série de emoções desenvolvendo dentro de mim.

Primeiro, minha resposta emocional foi de perplexidade. Por que alguém guardaria doze tubos vazios de pasta de dente ou centenas de pequenos pedaços de barbante?

Segundo, veio o espanto. Como tudo aquilo cabia naquela pequena casa?

Terceiro, o desgosto. Que maneira horrível de viver! Olhe para todas essas coisas enfiadas numa casa.

No entanto — acredite ou não — acabei sentindo gratidão.

Pois é, comecei a entender que a exposição ilustra não a mesquinhez, mas a filosofia de toda uma geração de pessoas crescendo na China durante períodos intensos de guerra, racionamento, fome, expulsão e escassez constante de mercadorias. Para a mãe de Song Dong, agarrar-se a todo e qualquer bem mundano era um pré-requisito para a sobrevivência. O que parecia um acúmulo patológico era, na verdade, uma resposta racional à turbulência externa.

Não tive que passar pela agitação e insegurança global e econômica que a mãe de Song Dong viveu. E, consequentemente, não sinto que preciso me apegar a tudo o que esteja em minha posse apenas como preparação para a fome ou para ataques de rebeldes. Sou livre para escolher viver com menos. Por isso, sou grato.

Hoje, ainda penso na exposição de Song Dong sempre que observo como pessoas de diferentes épocas e condições de vida se relacionam com os bens materiais. Porque para cada um de nós, a época em que nascemos, o nosso estágio de vida presente e aquilo que passamos e que ainda estivermos vivendo, tudo isso ajuda a moldar nosso relacionamento com as coisas.

O que sua geração diz sobre seu estilo particular de consumismo? Você verá que é útil prestar atenção nisso.

A análise geracional não é uma ciência exata, de forma alguma. No entanto, pode fornecer alguns insights amplos que ajudam no autoentendimento.[4] Identifique a qual geração você pertence e comece a pensar em como ela tem influenciado suas atitudes em relação à acumulação e ao consumo.

- Se nasceu entre 1928 e 1945, você faz parte da Geração Silenciosa.
- Se nasceu entre 1946 e 1964, você faz parte da Geração "Baby Boomer".
- Se você nasceu entre 1965 e 1980, você é parte da Geração X.
- Se nasceu entre 1981 e 2000, você é parte da Geração do Milênio.

O Consumismo e a Geração Silenciosa

A geração silenciosa cresceu durante a Grande Depressão e a Segunda Guerra Mundial. Suas visões sobre posses foram moldadas por uma filosofia de "não desperdice e não deseje nada", como a mãe de Song Dong.

Os membros desse grupo cresceram comprando itens feitos para durar. Viveram seus anos de crescimento em meio ao alto desemprego e à seca nos Estados Unidos, seguidos de racionamento durante uma das guerras mais duras que o mundo já viu. Eles viviam frugalmente porque precisavam. E se pudessem guardar coisas, eles o faziam.

Hoje, os sobreviventes da geração silenciosa chegaram aos 70, 80 anos. Estão começando a se mudar para habitações menores — por escolha ou por necessidade, e quase sempre com um peso no coração.

Isso nos ajuda a entender o crescimento de organizações como a Associação Nacional de Gestores de Mudança de Idosos. Mudar para um lar menor é algo difícil e doloroso, tanto física quanto emocionalmente. Ainda mais quando você mora na mesma casa há décadas.

Se você é parte dessa geração, pode estar enfrentando a necessidade de reduzir coisas na sua vida. Minimizar não é apenas uma vantagem, mas uma necessidade. Agora, mais do que nunca, é importante que você ignore o apelo consumista de comprar mais. Lembre-se das lições de vida simples da juventude e resista à atitude dominante em relação aos bens. Uma vida livre de posses em excesso tornará seus anos restantes mais pacíficos e mais gratificantes.

O Consumismo e a Geração Baby Boomer

A geração baby boomer, nascida imediatamente após a Segunda Guerra Mundial, cresceu em um mundo diferente daquele dos silenciosos.

Após o fim da Segunda Guerra, os Estados Unidos enfrentaram uma grave crise de moradia com o retorno de militares e mulheres da guerra, e taxas de natalidade excepcionalmente altas. Isso gerou uma súbita expansão da construção de casas na periferia das cidades. Como resultado, os baby boomers se tornaram a primeira geração criada nos subúrbios, com as forças culturais que acompanharam esse modo de vida.

Essa geração se beneficiou de uma era de prosperidade. Durante a vida dos boomers, as mulheres começaram a trabalhar fora em números recordes. As famílias conseguiram ter duas rendas pela primeira vez na história americana. A renda discricionária atingiu um novo pico. E o otimismo do pós-guerra inspirou estabilidade e oportunidade. Os boomers se tornaram consumidores de primeira ordem.

Os filhos dos baby boomers agora estão crescidos, estabelecidos, por conta própria. E os boomers atingiram, ou estão prestes a atingir, a idade de aposentadoria em números recordes. Muitos estão optando por reduzir seus bens na esperança de fazer os recursos durarem, enquanto vivem o estilo de vida de aposentadoria com o qual sonharam e pelo qual trabalharam duro por anos. O minimalismo pode não ser algo natural para eles, mas estão começando a ver seus benefícios.

A NÉVOA DO CONSUMISMO

Se você é um boomer, provavelmente está questionando a equação "comprar = felicidade". Embora você possa ter desfrutado de uma casa grande nos subúrbios com conforto no passado, talvez agora você esteja pensando mais no valor das experiências do que no das posses. Talvez esteja mais focado em deixar um legado do que aumentar a pilha de pertences. Se sim, garanto que você está pensando na direção certa.

A geração que trouxe mudanças em tantas áreas da sociedade é capaz de mais outra: mudar sua própria perspectiva sobre bens e consumo.

O Consumismo e a Geração X

Meus colegas da Geração X foram rotulados de sobreviventes cínicos, individualistas e egocêntricos. De muitas maneiras, fomos pegos entre o consumismo norte-americano em sua forma mais desenfreada e as realidades emergentes do que realmente significa o excesso, e fomos manobrando pelo caminho entre essas forças.

A expressão *latchkey kid* ("criança com posse da chave") foi cunhada para definir nossa infância. Crescemos em famílias de pais trabalhadores com renda, mas muitas vezes aparentemente com pouco tempo e energia para os filhos. Nossos pais compraram casas nos subúrbios, mas à custa dos jantares à mesa em família.

A geração X atingiu a maioridade durante a revolução tecnológica. A maioria de nós começou o jardim de infância sem computadores nas escolas, mas aprendeu a digitar em um processador de texto, depois que se formou na faculdade enviando trabalhos para os professores por e-mail. Por causa da tecnologia, nosso mundo foi se tornando cada vez mais móvel. Devido às nossas buscas individualistas e desconfiança a respeito das instituições, nossa geração tem em média sete mudanças de carreira durante a vida, algo jamais imaginado pelos nossos avós.

Porém as crianças têm um jeito de mudar as pessoas. E a geração X, agora na meia-idade, está criando filhos de todas as idades. A maioria responde aos exemplos dos pais adotando o paradigma oposto: de "filhos com posse da chave" para "pais helicópteros" (pais superprotetores). E com os avós baby boomers, que costumam demonstrar amor com presentes, as casas das pessoas da geração X estão rapidamente ficando cheias de tralhas.

Se você é dessa geração, seus dias de pico de ganhos podem estar bem à sua frente. As "vantagens" que o consumismo está oferecendo a você podem parecer mais ao seu alcance do que nunca. Não se engane. Você sabe como a superacumulação já começou a afetá-lo para pior. Diga não ao consumismo agora, antes que seja tarde demais.

O *Consumismo e a Geração do Milênio*
De certa forma, o minimalismo é um modo de vida natural para a geração do milênio, ou millennials.

Eles são a primeira geração nascida após a revolução tecnológica (que ainda não mostra sinais de desaceleração). O mundo deles é menor; eles esperam ficar conectados à tecnologia e uns aos outros o tempo todo. Cafés se tornaram os novos escritórios; a colaboração se tornou a nova competição; e a mobilidade, a nova estabilidade. Como muitos dirão, é difícil viver um estilo de vida móvel com uma casa cheia de coisas.

Essa geração é a mais ambientalmente consciente de todas, e isso influencia muito seus hábitos de compra. A conectividade tecnológica trouxe novas oportunidades para a "economia compartilhada", na qual os ativos (bicicletas, carros, casas) não são propriedade de indivíduos, mas compartilhados comunitariamente. O acesso substituiu a propriedade.

Além disso, a internet estabeleceu uma feira mundial. Quando quase todos os produtos disponíveis para a humanidade podem chegar à porta de casa em menos de 24 horas com o clique de um botão, tenho menos necessidade de estocar coisas na minha casa.

O minimalismo é atraente para os millennials. As tendências atuais de design incorporam esse movimento. A tecnologia facilitou mais do que nunca possuir menos coisas. E o estilo de vida minimalista se alinha com muitos de seus valores geracionais enraizados.[5]

Porém é importante notar que essa geração se formou na faculdade e entrou no mercado de trabalho em meio à Grande Recessão. O subemprego, juntamente com níveis recordes de dívida estudantil, deixou alguns com pouca renda extra, mesmo se eles quisessem ser consumistas. Resta saber se as condições econômicas de sua criação os moldaram para serem minimalistas por natureza ou se o crescimento econômico futuro os fará cair nos mesmos excessos das gerações anteriores. Pelo bem dos millennials, espero que a primeira possibilidade se realize.

Se você é um deles, por que não liderar o caminho para um novo paradigma minimalista que pode libertar a todos nós? Você está em uma posição melhor do que qualquer outra pessoa para fazer isso.

É útil para cada um de nós entender como nosso grupo geracional dá nuances para nosso relacionamento com a cultura de consumo. Também é útil reconhecer uma atitude perigosa a qual aparentemente todas as gerações dos EUA são propensas: confundir excesso com sucesso.

Abra os Olhos para Aquilo que Elogia

Nosso mundo aplaude o sucesso. E deveria. É totalmente apropriado reverenciar aqueles que desenvolvem seus talentos, trabalham duro e superam obstáculos.

Porém nossa sociedade infelizmente também está fixada em elogiar o excesso. Não somos os primeiros a cultuar o consumo conspícuo, mas levamos a prática a um novo nível. Revistas superexpõem os detalhes da vida dos ricos e famosos; publicações de notícias classificam as pessoas de acordo com seu patrimônio líquido; reality shows aplaudem os estilos de vida luxuosos. A internet atrai leitores com inúmeras histórias sobre aqueles que parecem estar vivendo uma vida boa.

Fazemos o mesmo em nossas próprias vidas. Comentamos sobre o tamanho das casas no bairro. Apontamos o carro de luxo na faixa ao lado. Invejamos roupas da moda e bolsas de grife. Fazemos piadas sobre casamento por dinheiro. Sonhamos com uma vida sem limites e com riquezas.

Desejamos viver a vida daqueles que parecem ter tudo. Em nossos corações e em nossos afetos, elogiamos aqueles que vivem com excessos.

Porém estamos cometendo um grande erro.

Sucesso e *excesso* não são a mesma coisa.

Ter riqueza é muitas vezes algo arbitrário. Às vezes, as pessoas têm ganhos financeiros com trabalho duro e dedicação. Mas nem sempre. Por vezes, a riqueza financeira é resultado de herança, desonestidade ou pura sorte. Nesses casos, os ricos não recebem elogios por sua riqueza.

Além disso, independentemente de como os ricos obtiveram riqueza, comprar em excesso raramente é o uso mais sábio do dinheiro. Só porque temos recursos financeiros para pagar por algo não significa que seja a melhor opção para nós. Então, por que continuamos celebrando aqueles que usam o dinheiro de forma egoísta?

Nosso mundo faz pontos em um placar errado. Aqueles que vivem em excesso não são necessariamente os mais realizados na vida. Muitas vezes, os mais felizes são aqueles que vivem no silêncio, na modéstia e no contentamento de uma vida simples. Essas são as escolhas que devemos celebrar e as vidas em que devemos nos espelhar. No entanto, essa definição de sucesso é estranha para a maioria de nós.

Como você faz o excesso material parecer algo que não é? O que isso revela sobre a influência que o consumismo tem em seu coração e mente?

Admire o sucesso. Porém não celebre o excesso. Aprender a diferenciá-los mudará sua vida.

O mesmo vale para as estratégias implementadas com único propósito de convencê-lo a comprar mais do que precisa.

Perceba Como a Coisa Funciona

Adoramos fazer compras. Para provar, é só analisarmos a Black Friday.

Nos Estados Unidos, o Dia de Ação de Graças — feriado anteriormente dedicado a agradecer pelo que temos — tornou-se um dia para as famílias começarem a maior maratona de compras do ano. Mais de 140 milhões de norte-americanos nutrem expectativas de fazer compras no fim de semana da Black Friday. Somente durante o feriado, os norte-americanos gastam mais de US$600 bilhões.[6]

Os publicitários e suas agências obviamente tiveram sucesso em seu trabalho. Em 2013, os profissionais de marketing dos EUA gastaram US$171 bilhões em publicidade de mídia (digital, revistas, jornais, outdoors, rádio, TV) ao longo do ano.[7]

Se você acha que é imune (ou esperto demais) para ser influenciado pelo poder da propaganda, está enganado. As corporações não gastam US$171 bilhões em publicidade *esperando* influenciar você; eles gastam isso tudo porque *sabem* que vão influenciar você.

Claro, eles não querem que você saiba disso. Na verdade, quanto mais acha que não é influenciado pelos anúncios, melhor é o trabalho que fizeram. Ninguém gosta de pensar que pode ser facilmente influenciado por estranhos com objetivos ocultos. Por esse motivo, as campanhas publicitárias mais bem-sucedidas procuram nos impressionar criando uma conexão positiva com nosso subconsciente. Prometem sutilmente que nossa vida sexual melhorará por causa do seu perfume, nossas festas serão mais animadas com seu refrigerante, nossa reputação melhorará com seus carros e ficaremos mais tranquilos por causa de seus seguros.

Eles conseguem isso de várias maneiras: por meio da cor do logotipo, da colocação do produto na cena, do endosso das celebridades, até mesmo da direção dos olhares fotografados e do tamanho de suas pupilas.

Entretanto, as ferramentas dos marqueteiros que nos separam de nosso dinheiro vão além de comerciais e jingles. O marketing é mais que uma arte. Campanhas para influenciar gastos também estão enraizadas na ciência e em uma compreensão íntima de como manipular nossas mentes.

Aqui estão algumas das jogadas de marketing mais comuns no mundo do varejo hoje. Elas são tão comuns que você reconhecerá quase todas. Ao fazê-lo, lembre-se de que cada método é projetado e utilizado especificamente para convencê-lo a comprar mais, mais e mais.

▶▶ *Pontos e cartões de fidelidade.* As lojas nos oferecem recompensas quando gastamos certa quantia de dinheiro em suas lojas. Geralmente nos levam a comprar coisas que não precisamos, apenas pela satisfação de resgatar a recompensa.

▶▶ *Cartões de crédito de lojas de varejo.* Esses cartões oferecem descontos em nossa compra se nos inscrevermos hoje. Isso funciona bem para os emissores: pesquisas mostram que você gastará até o dobro com aquele cartão em mãos.[8] E também vão coletar seus dados pessoais e hábitos de compra.

▶▶ *Expectativa de escassez.* Os marqueteiros fabricam rotineiramente um senso de urgência para nos levar a comprar. À venda por tempo limitado! A oferta em breve desaparecerá! Número limitado de vagas! Todas as exclamações que nos compelem a tomar uma decisão rápida. Normalmente, acabamos caindo.

▶▶ *Promoções instantâneas.* O CEO da JCPenney foi demitido, pois decidiu retirar as promoções dos itens em suas lojas. Sua estratégia foi deixar cada item com o preço mais baixo possível o tempo todo — sem questões ou promoções, apenas itens de baixo preço. Infelizmente, a estratégia falhou e as vendas despencaram. A redução dos preços originais resultou em menos vendas. Como isso pôde ocorrer? No fim, os pesquisadores constataram que consumidores eram mais propensos a comprar um item com etiqueta de desconto do que comprar o mesmo produto pelo mesmo preço sem um adesivo de "promoção". Eles conjecturaram que a maioria dos consumidores não tem ideia de quanto um produto deve originalmente custar. Ao inflar artificialmente o preço original de um item, os varejistas são capazes de induzir os consumidores a pensar que estão fazendo uma oferta sobre o preço de venda anterior do item, mesmo que não estejam.[9]

▶▶ *Preços de chamariz.* Os restaurantes costumam dar um preço muito alto a um ou dois itens no menu, embora saibam que poucas pessoas os consumirão. Ao definir um preço lá no alto, eles fazem o resto parecer mais barato. No varejo, isso é feito dando um preço muito mais alto a um item do que semelhantes próximos (TVs de tela grande, por exemplo).

▶▶ *Líder de perda.* Um truque comum dos supermercados (embora eles não sejam os únicos) é oferecer um item com desconto apenas para você entrar. Mesmo que tenham uma pequena perda com o preço do item, eles estão confiantes de que você sairá da loja levando bem mais do que aquilo.

▶▶ *Amostras.* Para os compradores, amostras grátis de comida representam uma oportunidade divertida de petiscar ou testar um item em destaque que a loja espera que gostemos e compremos. Contudo, para a loja, existe estratégia a mais por trás. Sempre que comemos uma amostra, dizemos ao nosso corpo que é hora de comer, e nosso cérebro começa a procurar comida. Alguns estudos relatam que 40% das pessoas que aceitam amostras na loja acabarão comprando um item de comida, mesmo que não tenham planejado comprá-lo.[10] O fato de você não ter comprado o item que provou não significa que a loja não vai manipulá-lo a gastar dinheiro.

▶▶ *Layouts arquitetônicos.* A maioria de nós sabe que os mercados colocam os produtos básicos, laticínios, carnes e produtos de panificação em cantos opostos para termos que caminhar pela loja, dando mais tempo para que capturem nossa atenção. Porém você sabia que os shoppings são construídos propositalmente de forma a desorientar o comprador e incentivar trânsito e compras por impulso? Ou que outlets são construídos propositalmente nos arredores das grandes cidades para incentivar compradores a ficarem mais tempo e gastarem mais por terem feito uma viagem para chegar lá? Quase todos os edifícios de varejo refletem uma estratégia de design específica para trazer à tona nossas tendências consumistas.

Essas são apenas algumas das maneiras pelas quais os publicitários tentam nos levar a comprar mais do que precisamos. Basta considerar até onde as lojas de varejo (e outras indústrias) irão para enganá-lo a comprar. Essa batalha feroz é travada contra nós todos os dias. Comece a reconhecer esses dispositivos comumente usados, para perceber mais rapidamente os efeitos que eles têm em você.

Além disso, é importante que você reconheça suas fraquezas individuais e pontos de gatilho. Algumas lojas o tentam a fazer compras desnecessárias? Existem produtos, vícios ou padrões de preços (como liquidações) que provocam uma resposta quase automática de sua parte? Talvez, quando você sente emoções específicas — tristeza, solidão, pesar ou estresse —, seja mais provável que consuma de forma irracional.

O consumismo é difundido em nossa cultura. Temos que treinar nossos olhos para vê-lo em operação. Pois, assim, poderemos resistir ao seu fascínio destrutivo.

Uma Bela Libertação

A jornalista Margot Starbuck me entrevistou por telefone para um artigo sobre tópicos como consumo, paternidade, presentes de fim de ano e generosidade. A ligação durou cerca de 45 minutos e, quando acabou, pensei que seria o fim de nosso contato.

Mal sabia eu o efeito que a conversa teria do outro lado da linha.

Poucos dias depois, recebi um e-mail de Margot. Eu estava esperando uma pergunta complementar ou um pedido de esclarecimento. Em vez disso, ela começou a compartilhar comigo como sua visão sobre suas posses começara a mudar depois de nossa breve conversa.

Ela escreveu: "Joshua, eu realmente gostei de conversar na semana passada. Desde que conversamos, me livrei de mil coisas (e foi assustadoramente fácil!)." Com a ajuda dos filhos adolescentes, Margot perambulou pela casa dela em Durham, na Carolina do Norte, removendo tudo de que não precisava mais. Logo eles doaram várias sacolas e caixas de utensílios domésticos para instituições de caridade locais — mais de mil coisas em apenas alguns dias!

Adorei ouvir isso e pedi a Margot que me mantivesse informado sobre quaisquer outras aventuras no minimalismo.

Três meses depois de nossa conversa inicial, Margot me enviou um e-mail novamente. Dessa vez, ela me escreveu diretamente do shopping The Streets of Southpoint, em Durham. Ela havia chegado cedo para um almoço e se viu vagando pelos corredores. Porém, na ocasião, tendo se convertido a possuir menos, ela observava todos os itens que costumavam chamar sua atenção sob uma nova luz: joias na Claire's, botas na Nordstrom e jaquetas jeans brancas na Sears. Seu e-mail dizia assim: "Joshua, talvez, pela primeira vez, andei por um shopping sem querer nada. Experimentei uma satisfação perfeita sabendo que já tenho mais do que o suficiente. Sinto como se fosse uma bela libertação."

Libertação da necessidade de possuir. E a libertação de se conformar com uma sociedade construída sobre o consumismo. Esta é a promessa do minimalismo: alegrar-se com a visão de todas as coisas que não precisamos. E libertar nossas vidas para perseguir as coisas que queremos fazer. Eu quero que você tenha essa mesma alegria, que experimente essa mesma libertação.

Alcançar essa libertação vai exigir que cada um de nós reconheça e resista à sociedade consumista em que vivemos. Também exigirá que olhemos para dentro e identifiquemos a vulnerabilidade em nossa própria natureza.

5
A Vontade Interior

Certa noite, sentados em sua sala de estar, Anthony e Amy Ongaro ficavam cada vez mais frustrados enquanto discutiam sobre suas finanças. O casal havia sido convidado para uma viagem com alguns familiares e realmente queriam participar, mas essas oportunidades sempre pareciam um pouco caras para eles. Eles simplesmente não tinham dinheiro suficiente no banco.

"Como pode? Sempre que temos a chance de fazer algo que custa umas centenas de dólares, está fora do que podemos pagar. Eu não entendo", disse Amy.

"Eu sei", concordou Anthony. "Não é por não termos bons empregos. Está entrando dinheiro. Então, para onde vai tudo isso?"

Bem naquele momento, a campainha tocou. Anthony foi atender e chegou à porta a tempo de ver um entregador desaparecendo em uma van marrom. Um pacote da Amazon estava na porta.

Os olhos de Anthony brilharam. Deveria ser a capa de celular indestrutível que ele havia encomendado. Ou talvez fosse o carregador portátil que ele estava esperando.

Sorrindo com entusiasmo, ele abriu o pacote na frente de Amy. Era a capa do celular.

Absorvido com sua nova compra, Anthony não percebeu que Amy permanecia sentada em silêncio, imóvel. Ela estava pensando. Em sua mente, havia feito uma conexão. Por fim, ela disse a Anthony: "Talvez seja por isso que não podemos sair de férias."

"O quê? Este acessório de celular? Querida, custou só US$35."

"Não só isso, mas tudo o mais que você compra online."

"Eu realmente gosto de clicar e já comprar", admitiu Anthony.

Depois de fazer um chá, a dupla entrou na internet e pesquisou seu histórico de pedidos da Amazon de quatro anos até ali. O resultado os chocou. Eles gastaram mais de US$10 mil durante o período, quase tudo em itens de menos de US$40. Eram produtos sem significado real para o casal. Anthony e Amy nem conseguiam se lembrar de muitos deles.

Encarar o histórico de pedidos e mal acreditar no que estavam vendo foi o começo de uma autocompreensão maior para os Ongaro. Uma das principais razões pelas quais o casal, mesmo sem filhos e com duas rendas, não era capaz de pagar por coisas realmente significativas era estarem desperdiçando dinheiro. A cada poucos dias, eles faziam pequenas compras online. Toda vez, tinham uma descarga de dopamina que os fazia se sentir bem por um tempo. Agora, porém, eles viam que o dano total era devastador.

Todos nós precisamos buscar o mesmo tipo de autocompreensão. Se quisermos ter mais com menos, precisamos olhar para dentro e examinar os motivos das nossas decisões de compra.

Vimos no capítulo anterior como os publicitários e a cultura geral influenciam nossos hábitos de compra e consumo. A pressão da sociedade é bem grande. Contudo, nossa análise não será a correta se colocarmos toda a culpa em forças externas. Grande parte dessa culpa (desculpe, tenho que apontar isso) é *nossa*. Ninguém está nos obrigando a comprar produtos. *Nós* decidimos gastar demais e acumular demais.

Concorda?

Para você, os motivos para comprar demais podem ser vários. Como os Ongaro, você pode comprar coisas pelo prazer de curto prazo que aquilo lhe proporciona. Neste capítulo, veremos algumas outras potenciais motivações; você pode comprar coisas na tentativa de satisfazer uma necessidade humana básica, como segurança, aceitação ou contentamento.

Entretanto, o que quero dizer é que todas essas motivações trazem a mesma falha fatal: você está procurando em bens materiais aquilo que só conseguirá de outra forma. Não é à toa que você se sente enganado e desapontado!

Vou lhe fazer uma promessa: assim que você entender o porquê de suas compras desnecessárias — as motivações ocultas que o levam a comprar —, esses bens começarão a perder o poder que têm sobre você. Você será capaz de encontrar a verdadeira felicidade e buscar significado em sua vida por meio do minimalismo. Porém, primeiro, como os conselheiros gostam de dizer, você tem um trabalho interior a fazer, meu amigo.

O Minimalismo Proporciona um Espelho

No Capítulo 3, expliquei que começar a buscar o minimalismo pode ajudar a revelar ou esclarecer seus objetivos de vida. Um processo heurístico semelhante acontece em relação às nossas motivações internas. Conforme começamos a nos livrar de coisas que não queremos, somos levados a momentos de autodescoberta, e isso exige que encaremos nossas motivações ocultas.

Quando minha esposa e eu começamos a vasculhar nossa casa e remover pertences, deixamos várias pilhas de coisas na Goodwill e em outras instituições de caridade das redondezas. Levar o primeiro carregamento para as instituições foi ótimo. E tivemos a mesma sensação com o segundo e o terceiro. Nós nos sentíamos mais livres e leves a cada viagem, e vou falar mais sobre o valor da doação em um capítulo posterior.

Contudo, na quarta minivan carregada de coisas desnecessárias que deixávamos em um centro de coleta, começamos a nos fazer algumas perguntas difíceis. Ou seja: "Por que diabos possuíamos quatro minivans de coisas que não precisávamos? Por que compramos todas essas coisas em excesso para início de conversa? O que estávamos pensando na época?"

No fim, comecei a dizer a mim mesmo: *Bem, talvez eu goste das coisas mais do que imaginava. Talvez eu seja mais suscetível às mensagens do mundo do que pensava. Talvez eu esteja tentando encontrar felicidade nas coisas que possuo, apesar de dizer repetidamente que não. Talvez eu tenha acreditado em um monte de mentiras.*

Essas eram respostas difíceis para perguntas difíceis. Ninguém gosta de descobrir essas coisas sobre si mesmo. Porém elas vinham de uma percepção que eu nunca poderia ter tido até começar a doar minhas coisas.

E é por isso que o minimalismo é importante para nossa autodescoberta. À medida que removemos a bagunça de casa, aprendemos mais sobre nós mesmos e firmamos as bases para buscas maiores, independentemente de como as definimos.

Deixe a jornada em direção ao minimalismo e sua própria autoavaliação revelarem suas motivações internas em relação à segurança. É uma das três áreas de necessidades humanas básicas que, quando perseguida de forma errada, contribui para uma superacumulação de bens.

ABRINDO MÃO DA FORTALEZA DOURADA

Pergunte-se: *Estou comprando coisas demais porque, no fundo, acho que isso me protegerá das ameaças de um mundo arriscado? Se sim, o que isso está me custando?*

Em nossa sociedade, muitas pessoas acreditam que a segurança pode ser adequadamente encontrada ao se ter bens pessoais. Claro que há um grão de verdade nessa crença. Certamente, comida e água, roupas e abrigo são essenciais para a sobrevivência. No entanto, a lista de bens de que realmente precisamos para a vida é bem curta, e a maioria de nós já os tem.

A realidade é que rapidamente confundimos necessidades com desejos e segurança com conforto. Como resultado, acumulamos pilhas de coisas em nome da segurança, quando, na verdade, estamos acumulando conforto (ou prazer desejado). Trabalhamos longas horas para comprar essas coisas. E construímos casas cada vez maiores para armazená-las.

Sonhamos com um futuro que traga salários maiores e economias consideráveis. Planejamos conseguir essas coisas porque achamos que elas trazem segurança duradoura. Se isso traz custos em outras áreas da vida, como família e amizades, aceitamos que é assim que as coisas são. A fonte de segurança parece tão importante que não conseguimos abrir mão da busca por mais.

Um dia, recebi um e-mail que me deixou angustiado. Uma mulher escreveu:

> Sou mãe trabalhadora de três meninos. Encontrei seu site ao pesquisar maneiras para fazer uma casa com apenas uma renda dar conta de uma família de cinco pessoas.
>
> Meu marido e eu trabalhamos duro nos últimos quinze anos para avançar em nossas carreiras. Ao fazer isso, acumulamos muitos bens. Não começamos materialistas, na verdade. Ao longo dos anos, porém, inflamos nosso estilo de vida, com uma casa grande e até um modesto chalé no lago.
>
> Duas semanas atrás, ouvimos meu filho de 8 anos dizer a um amigo: "Mamãe e papai não ficam muito em casa. Nós não os vemos muito."
>
> Meu marido e eu ficamos paralisados, de coração partido. Será que todas as nossas coisas realmente valem a pena? Claro que não.

Estamos tentando descobrir o "como". Estamos analisando nosso orçamento, tentando encontrar um inquilino para nosso chalé à beira do lago e trabalhando para que meu marido deixe o emprego e seja um pai que fica em casa. Gostaria de saber se você tem alguma dica para nos ajudar.

Essa mulher e o marido sentiam que *precisavam* trabalhar. Eles sentiam que precisavam de mais dinheiro e mais coisas. Eles acreditavam que sua família não estaria segura e bem provida sem os frutos de longos dias de trabalho... Até perceberem que estavam proporcionando algo muito diferente do que a família realmente precisava.

Abraçando a Segurança

Nossas vidas são frágeis, e este mundo é imprevisível. Não é à toa que todos ansiamos por segurança.

No entanto, segurança duradoura não pode ser encontrada em posses temporais. As contingências da vida são muitas, e o poder das posses para nos proteger é muito fraco. É por isso que sempre desejamos mais. Nunca chegamos a uma plena sensação de segurança.

Então, o que devemos fazer, dada a nossa necessidade legítima de uma sensação de segurança?

Devemos olhar para as mesmas coisas que tantas vezes sacrificamos em nossa busca por mais e mais posses: os relacionamentos.

Margaret Clark, professora de Psicologia em Yale, diz que a sensação de segurança pode vir tanto de bens materiais quanto de relacionamentos que nos dão apoio. Porém é fácil sair do equilíbrio. Ela escreve:

> Os seres humanos são criaturas sociais com vulnerabilidades. Relacionamentos próximos proporcionam proteções. Bebês não sobreviveriam sem outras pessoas. No entanto, os bens materiais também proporcionam proteção e segurança.

Os seres humanos precisam de comida, roupas e abrigo para sobreviver. Portanto, é preciso uma mistura de coisas para fazer você se sentir seguro. Porém, se uma pessoa reforça uma das fontes de segurança, ela se sente menos preocupada com as outras.[1]

A Dra. Clark baseia essa descoberta em dois projetos de pesquisa que ela e os colegas conduziram. Os pesquisadores concluíram que aqueles que não se sentem internamente seguros em seus relacionamentos pessoais costumam dar mais valor às posses físicas.

Eu sugeriria que o oposto também é verdadeiro: aqueles que estão superestimando o que suas posses podem fazer por si tendem a subestimar e colocar pouco empenho em seus relacionamentos.

Se você decidir que um dos seus motivos para acumular em excesso é por confiar em suas coisas para ter uma sensação de segurança, então recomendo que você reduza suas compras e pertences e, em vez disso, esforce-se mais em relacionar-se com as pessoas ao seu redor. Bons relacionamentos com a família e amigos podem não apenas lhe dar alegria, mas também fazê-lo sentir-se seguro em uma rede de apoio. Ao mesmo tempo, você também estará contribuindo para a sensação de segurança e satisfação dos outros — muito mais produtivo do que construir sua própria fortaleza privada de riqueza!

Portanto, pare de confiar demais no dinheiro e nos bens materiais como fonte de segurança. Eles não vão entregar o que espera deles. Minimize seus bens e você ficará livre para encontrar segurança real.

Essa é uma motivação que pode estar influenciando nossa superacumulação. Outra é o desejo de aceitação social.

Quando a Coisa "Certa" É a Coisa Errada

Kim e eu tínhamos certeza de que nossos filhos precisavam de óculos. Tanto Salem quanto Alexa começavam a apertar os olhos ao ler letras miúdas ou relógios digitais. Então, nós os levamos a um oftalmologista, que confirmou nossas suspeitas e receitou óculos.

O interessante foi como nossos filhos reagiram aos novos óculos.

Alexa, nossa filha que está no ensino fundamental, escolheu armações roxas e meio que gosta de usar óculos. O fato de as amigas os chamarem de "adoráveis" certamente ajuda.

Porém e nosso filho Salem, que se tornou adolescente recentemente? Como ele se sente com os óculos?

Bem, quando está sozinho em casa conosco, ele não acha que usar óculos seja um problema. Ele consegue ver melhor a tela do computador, consegue ler livros com mais facilidade e enxergar o relógio do forno sem ter que se levantar e se aproximar. Porém, quando está com os amigos, odeia usar óculos e só o faz quando é absolutamente necessário. Entre eles, os óculos lhe causam constrangimento.

Ah, algumas coisas nunca mudam. Lembro-me de ficar envergonhado exatamente da mesma maneira quando tinha a idade de Salem.

Eu gostaria de poder dizer que apenas os jovens são suscetíveis ao constrangimento. Contudo, a verdade é que, mesmo ficando mais velhos, continuamos a nos envergonhar ou a temer estar em uma posição em que possamos ficar envergonhados. A única diferença é que as causas do constrangimento mudam. Em muitos casos, nos sentimos envergonhados por não termos o que outros adultos têm ou não termos coisas tão caras quanto os outros. Não são apenas os óculos, mas carros, casas, destinos de férias e muitas coisas que os adultos compram ou gostariam de poder comprar.

O que quero salientar é que esses sentimentos de constrangimento derivam de nossa compreensão básica do que é normal. Ninguém se sente envergonhado por ser apenas normal. É quando nos desviamos da norma que nos envergonhamos. No entanto, nossa compreensão do normal é inteiramente subjetiva, baseada na medida mais frequentemente definida pelos grupos sociais com que nos cercamos. Pense em roupas.

Arrisco dizer que você e a maioria de seus amigos usam roupas semelhantes. Não que todos tenham o mesmo gosto, mas, de modo geral, a quantidade e a qualidade de seus guarda-roupas devem ser praticamente as mesmas. Vocês muitas vezes compram nas mesmas lojas. Seus armários são do mesmo tamanho. Os valores que vocês gastam com roupas provavelmente não diferem muito.

Por quê?

Porque a maioria de nós escolhe passar nosso tempo pessoal com pessoas semelhantes a nós. Nós nos sentimos confortáveis e aceitos entre eles.

Porém, quando você está fora de seu círculo social, pode passar a se sentir constrangido com coisas que normalmente nem questionaria.

Imagine participar de uma festa ou função no trabalho com pessoas de uma classe socioeconômica mais alta que a sua. Elas chegam com vestidos exuberantes e ternos sob medida. De repente, as roupas que você costumava usar sem nenhum receio começam a parecer inadequadas. Você percebe que elas estão desbotadas, desgastadas, mal ajustadas ou são menos caras do que as das outras pessoas ao seu redor. E nesse momento você começa a sentir uma ponta de vergonha, não porque as roupas sejam diferentes do que normalmente usa, mas porque a expressão de normalidade de sua cultura imediata mudou drasticamente.

Esse tipo de reação é comum. Entretanto, isso deveria nos fazer perceber quão arbitrário é nosso senso de "normal". E nos revelar que compramos muitas coisas porque esperamos que elas façam os outros nos aceitarem e que nos ajudem a nos sentir confortáveis e "normais".

Como vivemos em uma cultura que normaliza a busca por aparências, posses e ganhos egoístas, sentimentos de constrangimento e vergonha surgem dentro de nós quando não estamos à altura nessas áreas. Ficamos envergonhados por nossas roupas serem da moda do ano anterior, por nosso veículo custar menos que o do nosso vizinho ou por nossa casa ser menor que a do nosso convidado. Pedimos desculpas pelo tapete desgastado, inventamos desculpas para a cozinha desatualizada ou explicamos por que ainda não temos mesas novas.

Ficamos envergonhados com tantas coisas erradas! As normas sociais e a aceitação não são do que deveríamos nos envergonhar.

E se, em vez de ficarmos constrangidos pela marca de nossas roupas, ficássemos envergonhados pela enormidade do nosso closet?

E se, em vez de ficarmos envergonhados pelo modelo do carro que dirigimos, ficássemos envergonhados por termos a garantia de sempre ter o luxo de um automóvel disponível na garagem?

E se, em vez de nos envergonharmos por nossa casa parecer pequena, ficássemos constrangidos com tanto espaço não utilizado dentro dela?

E se, em vez de ficarmos constrangidos pela qualidade e quantidade de nossas posses, ficássemos envergonhados pelo tanto de dinheiro que gastamos em nossas próprias atividades egoístas?

E se o excesso se tornasse a causa do constrangimento? E uma vida de responsabilidade, que defende a generosidade, tornasse-se a norma?

Talvez aí pudéssemos ficar um pouco mais orgulhosos do "normal".

Você vem comprando muitas coisas e gastando muito dinheiro porque quer que os outros gostem e aceitem você? Mude sua visão do que é aceitável e do que é normal, e ficará livre do constrangimento e livre para fazer mais diferença positiva neste mundo.

Um Lugar ao Seu Alcance

O desejo de segurança e o desejo de aceitação são dois objetivos humanos básicos que podemos tentar tolamente cumprir acumulando demais. Porém há mais uma necessidade que quero destacar: contentamento. Todos nós queremos sentir que chegamos lá. Como se tivéssemos tudo o que queríamos e estivéssemos satisfeitos. Todos nós queremos alcançar a terra chamada Contentamento.

As pessoas procuram contentamento em todo canto. Alguns o procuram em um emprego bem-remunerado, mas ficam descontentes na primeira vez em que são preteridos para uma promoção. Outros o procuram em uma casa grande, mas ficam infelizes toda vez que ela precisa de melhorias ou manutenção. Muitos têm procurado contentamento nas lojas, acreditando que mais um item finalmente os satisfará, mas quando chegam em casa com a compra, ainda sentem que algo está faltando.

É como se o contentamento fosse um destino que se distancia a cada vez que nos aproximamos dele. Isso é inevitável quando nosso conceito de contentamento depende da abundância material. Existe a possibilidade de que tenham nos ensinado a procurar contentamento nos lugares errados?

E se o contentamento for realmente encontrado no lugar oposto de onde estamos procurando? E se for encontrado não em acumular coisas para nós mesmos, mas em atender às necessidades dos outros?

É verdade que, quanto menos precisamos, mais podemos doar. Mas e se o inverso também for verdadeiro? E se quanto mais doarmos, menos precisarmos? Em outras palavras, e se a generosidade levar ao contentamento?

As pessoas que doam seus bens mantêm as posses restantes em alta estima. As pessoas que doam seu tempo fazem melhor uso do tempo restante. E as pessoas que doam dinheiro desperdiçam menos o que sobra.

Quando começar a ajudar os outros, compartilhando seu dinheiro, posses e tempo (um tópico que exploraremos em profundidade no Capítulo 11), você se descobrirá aprendendo a se contentar. A prática lhe trará mais apreciação pelo que você tem, por quem você é e por aquilo que você tem a oferecer.

Pessoas generosas têm menos desejo por mais. Elas encontram realização, significado e valor fora da aquisição de posses. Aprendem a encontrar alegria e prazer no que já possuem e doam o resto. Eles descobrem o segredo do contentamento. Ele está surpreendentemente ao alcance de nossas mãos.

Portanto, se uma busca por contentamento equivocada está motivando sua procura por excesso, meu conselho é que você assuma o controle sobre sua atitude. Não alimente o modo de pensar *"quando x, então y"*: *quando eu conseguir _____, então serei feliz."* Em vez disso, lembre-se de que sua felicidade não depende da aquisição de qualquer pertence. Sua felicidade se baseia apenas em sua decisão de ser feliz — e esta pode ser uma das lições de vida mais importantes a se aprender.

Houve muitas razões pelas quais Kim e eu escolhemos nos tornar minimalistas e simplificar nossas vidas. Estávamos frustrados com a desordem. Não evoluíamos em nossas finanças. Descobrimos que perdíamos tempo administrando nossas coisas. Percebemos que não estávamos encontrando alegria e prazer com elas. E determinamos que valorizamos muito mais outras coisas que não nossos pertences físicos.

Quando começamos a simplificar nossa casa e a remover bens desnecessários, a generosidade se tornou um subproduto natural: queríamos nos livrar das coisas e rapidamente encontramos pessoas que precisavam delas.

Conforme o fazíamos, descobrimos que doar é muito mais recompensador do que possuir. Nossa visão sobre bens materiais e o excesso que tantos buscam mudou completamente. Não queríamos mais coisas. Queríamos experimentar mais da abundância que encontramos em dar.

O contentamento passou a residir em nossa casa.

Hora da Virada

Querer se sentir seguro, querer se sentir normal no meio dos outros, querer sentir que chegou lá? Todas essas motivações são naturais. Não há nada de errado com nenhuma deles. Porém, quando pensamos que ganhar muito dinheiro e comprar uma superabundância de bens nos dará esses resultados, quase sempre ficamos desapontados.

Segurança, aceitação e contentamento não são as únicas motivações ocultas que podem o levar a comprar demais. Conforme você as eliminar, motivações prejudiciais adicionais começarão a vir à tona. Pode ser difícil de descobrir, mas é importante que você o faça. Certas pessoas compram mais do que devem porque têm uma sensação de inadequação e tentam compensá-la com acumulação. Outros têm inveja de amigos e conhecidos e tentam segui-los. E praticamente todos nós somos egoístas.

Na minha experiência, porém, os desejos de segurança, aceitação e contentamento são três motivações quase universais.

Precisamos reconhecer dentro de nós aquilo que está direcionando decisões de compra, pois só assim podemos despir o materialismo do poder de nos distrair daquilo que pode nos trazer felicidade e significado reais.

Novamente, não é que coisas como segurança, aceitação e contentamento sejam ruins. Contudo, coisas materiais têm capacidade limitada para satisfazer essas necessidades. É por isso que precisamos dar uma reviravolta em nossas motivações naturais:

- Em vez de buscar segurança comprando muitas coisas, busque-a em relacionamentos amorosos com outras pessoas.

- Em vez de tentar ganhar a aceitação dos outros possuindo as mesmas coisas que eles, reescreva sua definição de sucesso.

- Em vez de perseguir o contentamento sempre aumentando a quantidade de coisas que possui, deixe o contentamento chegar até você, apreciando o que tem e doando o que você não precisa.

A guerra para assumir o controle de nossas motivações nunca termina. Mesmo que estejamos em busca do minimalismo já há algum tempo, o materialismo ainda pode se agarrar a nossos corações.

Sempre que isso acontecer, use-o para descobrir suas motivações ocultas e redirecione-as para encontrar a felicidade que você realmente deseja, não a falsa felicidade que o dinheiro e as posses prometem.

Agora você está pronto para começar o processo real de minimização!

E o processo está prestes a ficar realmente prático. Sua casa vai começar a ficar diferente. Ao longo do caminho, à medida que coisas desnecessárias desaparecem, novas possibilidades para sua vida vão surgir.

Eu vou lhe ensinar como:

- ▶▶ Começar a reduzir seus pertences facilmente (Capítulo 6).
- ▶▶ Enfrentar as áreas mais difíceis de sua casa (Capítulo 7).
- ▶▶ Usar experimentos para descobrir o mínimo que você realmente precisa (Capítulo 8).
- ▶▶ Estabelecer novos hábitos para garantir que os ganhos permaneçam (Capítulo 9).

Meu conselho é que, enquanto estiver lendo os próximos capítulos, já comece a colocar os princípios em prática. Leia um capítulo; remova alguns itens desnecessários de sua casa. Leia outro capítulo; elimine um pouco mais.

Se você ainda não começou a minimizar sua casa e a encontrar uma vida melhor com isso, agora é a hora.

6
Vá com Calma

Quando argumento a favor do minimalismo com pessoas que estão começando a pensar nesse modo de vida, quase posso vê-las tentando se imaginar jogando suas coisas fora. E então as objeções vêm à tona. Elas perguntam: "E meus objetos de valor sentimental e heranças de família?"

"E meus livros?"

"E os brinquedos dos nossos filhos?"

"O que eu faço com meus materiais de artesanato?"

"Meu marido nunca vai concordar com isso. O que devo fazer com as coisas dele?"

Essas questões são diferentes, mas, se analisarmos com cuidado, podemos ver que elas têm um ponto em comum. E é essa semelhança que faz com que muitas pessoas fiquem presas em sua jornada em direção a uma vida mais livre *antes mesmo de começar.*

Analise as perguntas novamente. Cada uma foca a coisa aparentemente mais difícil de organizar na casa da pessoa, sejam elas heranças, livros, brinquedos, materiais ou pertences de um ente querido. A mente de cada um correu para a área aparentemente mais difícil de reduzir na casa. É compreensível. Porém isso mostra que cada um está focando os obstáculos, não as oportunidades. E acho que há um caminho melhor.

Minha resposta a essas perguntas é sempre a mesma: "Você não precisa começar pelas coisas difíceis. Comece com o que é fácil. Comece pequeno. Mas comece de algum lugar."

Essa também é a minha mensagem para você.

Por enquanto, não se preocupe com as tarefas mais difíceis de simplificar. Em vez disso, comece a jornada de viver mais tendo menos no lugar mais fácil. Pegue o embalo limpando a bagunça do carro, de uma gaveta, da sala de estar ou talvez do armário do banheiro. Você começará a experimentar sucesso e notará os benefícios de viver com menos. E assim aprenderá as habilidades necessárias para enfrentar as áreas mais desafiadoras de sua casa — e de sua vida.

Nos capítulos seguintes, vamos mergulhar nas questões mais profundas e abordar as áreas de sua vida em que é mais difícil eliminar o excesso. Vou responder a suas perguntas e sugerir métodos para ajudá-lo a superar os obstáculos. No entanto, aqui, quero oferecer pequenos passos para que possa começar a tomar sua vida de volta das suas coisas. Como mencionei anteriormente, sua definição e prática de minimalismo serão diferentes da minha ou de qualquer outra pessoa. Porém existem métodos comuns que podemos usar para começar. Você os achará tão fáceis de entender e usar, e tão encorajadores, que vai querer começar hoje mesmo.

Você vai dar conta.

Declarando Seu Motivo

Primeiro, vamos rever o que é o minimalismo. É a promoção intencional das coisas que mais valorizamos e a remoção de qualquer coisa que nos distraia delas. Embora agora estejamos falando de organização, o objetivo final é que ele nos coloque numa posição em que seja mais fácil cumprir os objetivos de nossa vida.

Isso me leva ao primeiro pequeno passo de sua jornada de minimização.

Antes de eliminar qualquer item de sua casa, eu o encorajo a se sentar e pensar em uma ou mais razões pelas quais você deseja fazê-lo. Tire um tempo para pensar sobre isso, se você ainda não o fez. As possibilidades são infinitas — e serão inteiramente únicas para você, seu propósito e seus valores.

Não estou dizendo que você já precisa ter todos os detalhes de seus objetivos definidos. Como eu disse no Capítulo 3, seus propósitos conduzirão sua simplificação, e sua simplificação refinará seus propósitos. Um aprimora o outro em um processo de descoberta contínuo. Contudo, com a clareza que você tem agora, defina suas razões para se desfazer das coisas e limpar a bagunça; mantenha-as na sua frente. Anote-as. Aí vão alguns exemplos:

> *Eu quero quitar minhas dívidas e guardar dinheiro para a aposentadoria.*
>
> *Quero uma rotina menos conturbada.*
>
> *Quero estar disponível para ajudar meus pais à medida que envelhecem.*
>
> *Quero escalar montanhas em todos os continentes. Quero passar um ano como voluntária em uma clínica no Haiti.*
>
> *Quero me mudar para um apartamento pequeno.*
>
> *Quero ser livre para treinar a equipe esportiva do meu filho.*
>
> *Quero parar de dar aulas de música e entrar numa orquestra de câmara.*
>
> *Quero passar minhas noites com minha família em vez ficar arrumando a casa.*
>
> *Quero convidar as pessoas para vir em casa sem me preocupar com a bagunça.*

Quando tiver anotado seu objetivo (ou objetivos), anote-o em um lugar onde você o veja com frequência. Ele servirá como um importante motivador daqui para a frente. E haverá momentos em que precisará de inspiração desesperadamente. Sem isso, você pode esquecer por que está enchendo uma caixa para levar para uma casa de caridade ou pode perder o interesse em vender aquela cristaleira na internet.

Antes que qualquer um de nós possa minimizar nossas casas e nossas vidas, devemos estar convencidos de que o estilo de vida vale nosso esforço. Sua declaração de propósitos para simplificar vai relembrá-lo do que pretende obter do processo que está iniciando. E é algo muito fácil de fazer.

Mas isso é só o começo.

Passos Rápidos

Depois de criar uma lista de objetivos e voltar a encarar seu ambiente: por onde você começa a se livrar de tantas coisas que possui?

Não deve ser difícil encontrar um lugar. Você já ouviu falar da regra de 80/20? É uma generalidade, mas provou ser verdade em muitas áreas da vida. Aplicada às nossas posses, significa que usamos 20% de nossas coisas 80% do tempo, e usamos os outros 80% delas apenas 20% do tempo. Portanto, nesses 80% de coisas que estão por aí, deve haver muitas escolhas fáceis quando você for começar a minimização.

Recomendo começar nas áreas de sua casa que você usa com frequência. Sala de estar, quartos e banheiros, em particular, são ótimos lugares. Normalmente, são mais fáceis e levam menos tempo para organizar do que cozinhas, escritórios ou sótãos. Porém o mais importante é que, como você usa essas áreas com frequência, perceberá rapidamente os benefícios do minimalismo fazendo a diferença ali. Desentulhar a sala de estar permite que você tenha um momento de relaxamento ou em família mais tranquilo e com menos distração. Um banheiro minimizado vai facilitar a sua preparação pela manhã. Um quarto organizado traz benefícios tanto de dia quanto de noite. Ao remover o excesso desses locais em sua casa, você notará os efeitos positivos quase que imediatamente.

Lembre-se: agora você está focado em escolher batalhas fáceis, conseguir vitórias rápidas e pegar embalo em sua jornada de organização. Faça a arrumação óbvia nas áreas onde passa a maior parte do tempo. É provável que você possa dar esse primeiro passo em apenas algumas horas. Não tome decisões difíceis ainda. Simplesmente pegue uma sacola vazia e remova tudo o que você pode facilmente separar, junto com qualquer coisa que não queira mais em sua casa ou de que você deveria ter se livrado há muito tempo. Basta colocá-las no saco e deixá-las de lado por enquanto. Você vai classificá-las mais tarde.

Essa não é uma limpeza completa. Você ainda não lidou com toda a casa. Porém você já pode dar um passo para trás, olhar para o resultado e começar a sentir a paz que vem de viver em uma casa que tem o suficiente, mas não muito.

Deixe-me contar sobre o primeiro espaço que limpei. Aconteceu de ser um espaço que eu levava comigo no processo.

Quando a Calma Chegou de Corolla

Como disse no primeiro capítulo, eu estava limpando minha garagem num sábado quando fui inicialmente apresentado à ideia de possuir menos coisas. A história tem continuação.

Naquela noite, entrei em nosso Toyota Corolla para levá-lo de volta à garagem. Quando o fiz, notei algo em que nunca havia prestado atenção antes: coisas desnecessárias em todos os lugares. Óculos de sol nunca usados. CDs nunca ouvidos. Mapas que nunca foram utilizados. Vasculhando, encontrei bichos de pelúcia, brindes de restaurante, sachês de ketchup, pilhas de guardanapos e livros infantis no banco de trás. A porta do motorista estava cheia de canetas, recibos e moedas que haviam caído no compartimento de armazenamento.

De muitas maneiras, o carro era um microcosmo da vida que eu estava vivendo. Bagunça e excesso em todos os lugares. Só que aquela bagunça eu levava comigo onde quer que fosse.

Respirei fundo. Então decidi (lembre-se, depois de ouvir sobre o minimalismo apenas algumas horas antes) que aquele seria um projeto bem fácil para começar. Peguei um saco plástico e coloquei nele tudo o que não precisava ficar no carro. Deixei apenas o documento, comprovantes do seguro e o manual no porta-luvas. Tirei todo o resto. Então separei o saco para lidar com o conteúdo mais tarde.

Com aquele simples ato de limpar meu carro, a jornada minimalista de nossa família começou oficialmente. Todo o projeto levou menos de quinze minutos.

Comecei a aproveitar os benefícios quase que imediatamente.

Acordei cedo na manhã seguinte, um domingo. A igreja onde eu trabalhava ficava a dezesseis quilômetros de casa, e chegar cedo aos domingos era um hábito para mim. No silêncio da manhã, eu me vesti, comi e fui para o meu carro.

Lembro-me vividamente de entrar no meu carro sem a bagunça. O espaço físico ao meu redor parecia diferente de antes. Não estava apenas mais limpo, mas também mais calmo — como uma lufada de ar fresco. O carro continha menos coisas para me distrair, e os itens restantes estavam lá por um bom motivo. Enquanto dirigia, senti minha mente relaxar, permitindo que eu me concentrasse no dia que tinha pela frente.

Eu sabia que aquele sentimento de calma e foco era o que eu queria em todos os aspectos da minha vida. Mal acreditava como havia sido fácil e rápido começar a experimentar as vantagens de ter menos coisas.

Cômodo por Cômodo

Depois de fazer uma varredura inicial para limpar os espaços mais frequentados (ou no meu caso, meu espaço móvel), a próxima etapa é realizar um processo mais completo de minimizar suas posses. Vá de cômodo em cômodo até que tenha lidado com toda a sua casa.

Agora você começará a fazer algumas das perguntas mais difíceis: o que, de verdade, precisa ficar? E o que pode ir embora? Que pertences estão trazendo valor à minha vida? E quais estão me distraindo? Lembre-se de que você não precisa descobrir tudo de uma vez ou terminar toda a casa com pressa. Concentre-se em uma área específica por vez: um quarto, um armário ou até algo pequeno, como uma gaveta. Novamente, trabalhe do mais fácil para o mais difícil. Se você não tem certeza do que fazer com alguma coisa, deixe para lá por enquanto. Chegaremos às suas escolhas difíceis no próximo capítulo.

Da forma que for possível, a cada novo espaço físico que você enfrentar, crie três pilhas:

1. Coisas para manter.
2. Coisas para realocar na casa.
3. Coisas para remover.

Após a classificação, coloque os itens da pilha coisas para manter no lugar delas. Quando possível, guarde-as fora da vista, o que o ajudará a eliminar a distração física. Além disso, coloque itens mais usados na frente das prateleiras e passe os menos usados para o fundo (um conselho de organização gratuito meu para você).

Em seguida, lide com sua pilha de coisas para realocar, levando esses itens para os devidos lugares na casa. Por exemplo, se você pegou brinquedos no corredor, coloque-os na caixa de brinquedos. Se encontrou as roupas do seu filho adolescente penduradas no encosto de uma cadeira, elas provavelmente devem ir para o cesto de roupa suja. Pensando bem, faça ele mesmo colocar a roupa lá.

Por fim, separe a pilha de "coisas para remover" em quatro subcategorias: doar, vender, reciclar e jogar fora. Em seguida, lide com cada uma das pilhas da maneira apropriada. Não as deixe ali por mais tempo do que o necessário, porque se você o fizer, as coisas se espalharão e se tornarão a mesma desordem da qual você está tentando escapar.

Ao abordar qualquer espaço, é importante tocar fisicamente cada item. Quase todo organizador profissional lhe dará o mesmo conselho, porque o manuseio de um objeto o força a tomar decisões sobre ele. É muito fácil acabar não lidando com eles se você só passar o olho rapidamente.

Parece assustadora a ideia de lidar com todos os itens em sua casa? Odeio dizer isso, mas se a resposta for sim, isso em si é uma indicação de que você possui coisas demais. Use esse fato como motivação para tomar decisões rápidas. Se você pensou que um item era importante o suficiente para trazer para sua casa, você pode encontrar forças para decidir novamente se ele realmente continua sendo. No processo de remover o excesso, você deve desenvolver sua própria definição de *bagunça*. No início de nossa jornada de minimização, minha esposa e eu definimos bagunça como (a) muita coisa em um espaço muito pequeno, (b) qualquer coisa que não usássemos ou de que não gostássemos mais e (c) qualquer coisa que passasse uma sensação de desorganização. Sinta-se à vontade para copiá-la. Porém há outras que podem ressoar melhor com seus ideais. Por exemplo, Joshua Fields Millburn define bagunça como qualquer coisa que não "agrega valor" à sua vida.[1] Marie Kondo descreve bagunça como as coisas em sua casa que não "despertam alegria".[2] Peter Walsh vai ainda mais longe, dizendo que bagunça é qualquer coisa que "interfira na vida que você poderia estar vivendo".[3] E William Morris diz: "Não tenha nada em sua casa que você não ache útil ou bonito."[4]

Escolha a definição de bagunça que funciona para você e remova tudo o que se encaixa nessa definição.

Em alguns casos, este passo será fácil: seu carro está cheio de coisas que não precisam estar lá. Uma gaveta de coisas descartadas está cheia de itens desnecessários, como elásticos frouxos, pilhas sem carga ou chaves de cadeados que você não possui mais. A superfície da sua cômoda tem inúmeros objetos aleatórios. Os armários estão cheios de roupas que você não usa mais. Prêmios que não significam mais nada para você. A decoração está desatualizada.

Em outros casos, essa etapa exigirá mais tempo e intencionalidade. Pense em projetos maiores, como a garagem, o porão ou o sótão. Áreas mais funcionais, como cozinhas e escritórios. Itens sentimentais acumulados ao longo dos anos. Itens relacionados aos seus hobbies favoritos, artes e artesanato, culinária, esportes ou música, só para citar alguns. A bagunça de membros da família que começou a invadir os espaços comuns.

Abordaremos muitas dessas áreas nos próximos capítulos. Contudo, por enquanto, a chave para concluir essa etapa de remover o excesso é começar com projetos pequenos e fáceis. Comece por aí. Experimente e reconheça pequenas vitórias.

E agora preciso dar um aviso.

Com todas as coisas na vida, é importante não confundir o *desejo* de mudar com a mudança *real*. *Pensar* em organizar ou *falar* sobre organizar não resultará em nenhum benefício. Você só vai experimentar esses benefícios quando *tiver realmente removido* o excesso de desordem.

Lembre-se hoje de que falar sobre mudanças não é o mesmo que implementar mudanças. E dê um pequeno passo na direção certa para isso.

Elimine a Redundância e livre-se da Repetição

Muitas pessoas temem que, se removerem um item de casa, vão se arrepender no futuro. Então elas o mantêm apenas "por via das dúvidas". Essa é uma das principais causas da bagunça, embora raramente precisemos da coisa que guardamos "por via das dúvidas".

Se o medo de se arrepender de eliminar as coisas o travar quando você for de cômodo a cômodo para organizá-las, tente este método fácil de contorná-lo: livre-se de itens duplicados. A beleza de eliminar duplicados é que você sabe que sempre haverá um disponível "por via das dúvidas".

Para dar um exemplo, pense nas toalhas. Claro que sua família precisa de toalhas. Mas você poderia facilmente simplificar sua vida reduzindo o número de toalhas que possui. Por exemplo, talvez sua família tenha quatro pessoas e uma dúzia ou mais de toalhas. Na realidade, duas toalhas por pessoa — uma toalha para usar, enquanto a outra está sendo lavada — provavelmente é suficiente para suas necessidades. Você pode ainda não estar pronto para viver com apenas duas por pessoa, mas ao pensar naquela pilha de toalhas no guarda-roupa, você não acha que seria bom liberar espaço removendo algumas delas?

Faça o mesmo em toda a casa. Você provavelmente encontrará duplicados em todos os lugares. O fato é que é fácil cair nesse pensamento: *se ter um desses é bom, ter mais será ainda melhor.* Então acabamos mantendo cópias. Tigelas, roupa de cama, canetas, lápis, espátulas, panos de prato, copos, cabides, jeans, sapatos, casacos, refrigeradores, malas, pás, mangueiras, martelos, computadores... A lista dos itens que temos em excesso é longa. Às vezes, temos até casas e veículos em dobro!

Ao começar a remover os extras, você notará algo inacreditável. Sua casa de repente abrigará apenas seus objetos favoritos. Você também vai naturalmente começar a cuidar melhor de seus pertences, pois será mais fácil perceber que itens precisam ser consertados ou substituídos.

Além disso, após eliminar duplicatas, quase imediatamente você notará várias outras coisas que podem ser reduzidas em sua casa. Antes que perceba, você terá feito progresso significativo na jornada em direção a uma vida simplificada. Esse tipo de benefício fará você querer contar a um amigo sobre minimizar e como isso está mudando sua vida para melhor.

Compartilhe Sua História

Lembro-me vividamente dos dias em que meus dois filhos nasceram. Que pai não recorda? Nos dois dias, peguei o telefone e liguei para todos os nossos familiares e amigos mais próximos para lhes dar a notícia. A alegria estava transbordando em nossas vidas, e eu mal podia esperar para incluir outras pessoas naquele momento. Ouvir os outros se empolgarem me deixava ainda mais animado.

Aprendi uma valiosa lição de vida nessas ocasiões: a alegria deve ser compartilhada. Ela não atinge a plenitude até que incluamos os outros.

E não são apenas os grandes momentos da vida, como o nascimento de um filho, que queremos compartilhar com os outros. São as coisas menores também. Quando encontramos um ótimo restaurante, nós o recomendamos. Quando lemos um livro fascinante, contamos a um amigo. Quando descobrimos um atalho, sugerimos que outros o usem.

A prática de compartilhar coisas boas com os outros melhora a vida deles, permitindo que descubram a mesma alegria que vivemos. Também melhora nossas vidas, confirmando nossa felicidade e reforçando os aspectos positivos do caminho em que estamos.

Então, quando começar a fazer mudanças para simplificar sua vida em casa, eu o encorajo a dar o passo simples de compartilhar sua história com amigos, familiares, colegas de trabalho e vizinhos. Procure oportunidades, talvez durante um café, uma refeição ou pegando água no bebedouro, para falar sobre sua nova paixão por ter menos. Quebre o gelo assim: "Uma coisa que percebi recentemente é que estou realmente mais feliz por ter menos. Para mim, tudo começou..."

Você descobrirá que as pessoas podem ficar animadas para tentar o minimalismo por si próprias. Mesmo que não fiquem, elas vão torcer por você em seu próprio processo de aprender a viver com menos. Vão motivá-lo, lembrando-o do seu feito e perguntando como as coisas estão indo, na próxima vez que o virem. Como benefício adicional, ao compartilhar sua história, você será novamente lembrado dos motivos pelos quais decidiu eliminar a bagunça no início.

COMECE HOJE

Estes, em análise, são os primeiros passos para se possuir menos:

- ▶▶ Anote seus objetivos.
- ▶▶ Comece a organizar alvos fáceis nas áreas mais frequentadas.
- ▶▶ Em seguida, vá de cômodo em cômodo, jogando coisas fora e arrumando.
- ▶▶ Elimine coisas duplicadas conforme faz esse percurso.
- ▶▶ Compartilhe sua história com outras pessoas para se manter motivado durante os primeiros passos e os seguintes.

Ainda tenho muito mais a dizer para desafiar suas suposições sobre a quantidade de coisas que você realmente precisa. Contudo, por enquanto, esses cinco passos são ações que não nos intimidam, que são viáveis e que qualquer um pode tomar. Além deles, você pode pensar em outras maneiras de impulsionar sua busca por um estilo de vida livre do fardo do excesso material. Lembre-se: o importante é que você se concentre inicialmente nas coisas fáceis, e não nas difíceis.

Então, vá em frente. Comece sua jornada de organização com o passo mais fácil. Antes de passar para o próximo capítulo, basta escolher uma gaveta ou armário — o que parecer viável — e limpá-lo.

O primeiro passo na direção certa deve ser fácil. Faça isso hoje.

7
Resolução de Problemas

Depois de começarmos a organizar nossas casas, decisões difíceis inevitavelmente vão começar a vir à tona. Não podemos evitá-las. Conforme mais e mais bagunça é eliminada, vamos ficando cara a cara com os objetos cuja eliminação adiamos até o fim. São os pontos problemáticos em nosso processo de minimização.

Vou destacar aqui algumas categorias mais comuns de coisas com as quais as pessoas têm dificuldades ao aplicar o minimalismo em casa:

- livros;
- papelada;
- artigos de tecnologia;
- lembranças;
- e dois outros tópicos menos esperados que apresentarei quando chegar a hora certa.

Vou identificar cada área problemática, argumentar para que passe a ter menos coisas em cada uma e lançar ideias práticas para ajudá-lo a navegar por elas. Algumas seções deste capítulo podem ser mais relevantes do que outras para você, mas em cada uma você verá um tema comum emergir: você vai recuperar mais do que está eliminando.

Morte de Um Sonho, Nascimento de Outro

Em um capítulo chamado "The Hardest Thing to Cut" (A Coisa Mais Difícil de Cortar) em seu livro O *Desafio das 100 Coisas*, Dave Bruno escreve sobre a decisão de vender todas as ferramentas de marcenaria de sua garagem. Ele as havia acumulado lentamente ao longo de muitos anos e se importava com elas, mas teriam que ser eliminadas em função do desafio autoimposto de reduzir seus pertences a apenas cem coisas. Ao decorrer da história, Dave deixa claro que passou mais tempo sonhando acordado com sua pequena marcenaria perfeita do que realmente usando as ferramentas. Ele sabia que aquelas coisas tinham que partir.[1]

Dave encontrou um comprador para as ferramentas e ajudou-o a carregá-las na picape, depois as assistiu deixarem sua vida para sempre. "Minhas ambições na marcenaria foram suspensas", declarou Dave. "Além de estar prestes a viver um ano com apenas cem itens pessoais, eu não estava mais fingindo ser um artesão aos fins de semana."[2]

Para Dave, desfazer-se das ferramentas representava a morte de um sonho. "Eu teria que parar de sonhar acordado em ser um superentalhador... Na vida real, não me encaixo no perfil. Foi difícil desistir da esperança de ser alguém que não sou, e que provavelmente não serei."[3]

Às vezes, dar adeus às nossas posses significa abrir mão de uma imagem que criamos na mente da pessoa em que gostaríamos de nos tornar. Às vezes, minimizar significa que um sonho deve morrer.

Porém nem sempre é algo ruim. Pode ser difícil na hora, mas necessário. Às vezes, é preciso desistir da pessoa que queríamos ser para apreciar plenamente a pessoa que podemos realmente nos tornar.

E é isso que eu quero que você lembre quando chegar aos pontos difíceis na hora de reduzir seus pertences. Muitas vezes, esses pontos são difíceis não apenas pela dificuldade em reduzir em um sentido prático, mas também porque parece que estamos abrindo mão de algo importante. Aquilo de que estamos desistindo pode não estar no nível de um sonho, mas no mínimo estamos enfrentando a perda de algo que parece particularmente valioso ou importante para nós.

Portanto, a maneira de superar os momentos difíceis é lembrar que você, ao desistir de algo difícil de largar, está caminhando na direção de um bem maior. O benefício de uma vida com menos será muito melhor do que se apegar às coisas que são mais queridas, mas não lhe são úteis.

Quando enfrentar a própria resistência interna em se livrar de algo que você sabe que realmente deveria descartar, pense especificamente em como menos pode ser mais nessa área de sua vida, e isso geralmente cortará o nó da sua indecisão.

Prateleiras e Mais Prateleiras

Menos de seis semanas depois de ser apresentado ao minimalismo, recebi um e-mail surpresa no trabalho. Era do nosso chefe. O memorando anunciava um dia de limpeza obrigatória do escritório para toda a equipe. Uma caçamba seria alugada. Os telefones seriam desligados. Reuniões deveriam ser remarcadas. O almoço seria entregue lá. E todos os funcionários foram orientados a passar o dia limpando suas salas e todas as áreas comuns do prédio.

Imagine isso. Pago para minimizar! Era bom demais para ser verdade.

Na época, honestamente, minha sala estava uma bagunça. Mesa, gavetas e prateleiras abrigavam uma desordem vergonhosa. Provavelmente mais do que qualquer colega meu, precisei de um dia para remover tudo o que realmente não precisava estar lá.

Naquele dia, cheguei cedo e comecei a remover do meu espaço de trabalho todas as coisas de que não precisava. No topo da minha lista: livros.

Tenho orgulho de dizer que reduzi minha coleção de livros de três estantes para uma no decorrer daquele único dia.

Livros de referência desatualizados foram os primeiros a partir. Lembrei que eu poderia encontrar a maioria das informações neles mais rapidamente na internet, de qualquer maneira.

Descartei em seguida livros que eu nunca havia lido (e que, na verdade, nunca leria). Senti uma sensação de alívio quando eles se foram. Não me sentia mais pressionado por todos os livros que "deveria ter lido". Eu estava livre para descobrir novas oportunidades de leitura.

Para um livro que já tinha sido lido, eu me perguntava se o usava com frequência ou recomendava regularmente. Se a resposta fosse sim, eu o guardava para referência futura. Se fosse não, eu o removia do ambiente de trabalho.

No mesmo dia, retirei da parede as credenciais emolduradas, os diplomas universitários e os certificados de licenças. Enquanto o fazia, lembrei que eu os havia pendurado nas paredes apenas por causa da reputação — uma pista para convidados de que eu deveria ser respeitado.

Então tive outra revelação. Eu havia feito a mesma coisa com os livros. Uma parte da minha motivação para abarrotar minhas prateleiras com livros era sinalizar para a pessoa que visitasse meu escritório que eu era culto, inteligente e digno de estima.

Ao compreender esse fato sobre mim mesmo, me senti envergonhado. E ao remover os dois terços dos livros de que não precisava, resolvi não mais tentar impressionar os outros pelo número de livros em minhas estantes.

Formas de reduzir a quantidade de livros estão entre as cinco principais questões que recebo, e raramente têm a ver com livros relacionados ao trabalho. As perguntas vêm de amantes de livros. O tipo de pessoa que tem romances empilhados ao lado da cama, livros enfiados em pastas para leitura rápida no almoço e estantes transbordando em mais de um cômodo da casa.

Se você tem milhares de volumes em sua coleção de livros ou algumas dezenas, se os comprou para leitura profissional ou por prazer, você pode se beneficiar de um desbaste na coleção. Lembre-se: você tem grandes planos para sua vida, e a bagunça — até mesmo a desordem intelectual — pode atrapalhar a realização desses planos.

Se você reconhece livros como uma área problemática, aqui estão alguns pensamentos úteis para você começar a diminuir sua coleção.

- ▶▶ *Perceba que livros não o definem.* Os livros agregam valor. Eles *contribuem* para quem você é. Porém eles não *definem* quem você é, tenha você muitos ou poucos.

- ▶▶ *Lembranças de um livro não são o livro em si.* Às vezes, os sentimentos despertados pelo livro nos impedem de abandoná-lo. Com frequência, reservar um tempo para escrever esses sentimentos e essas conexões torna mais fácil passar o livro para alguém que o amaria tanto quanto nós.

- ▶▶ *Pense em passar livros para a frente como um ato de amor.* Manter um bom livro na estante significa que você o está escondendo de outra pessoa. Compartilhe a alegria e o prazer.

- ▶▶ *Defina limites razoáveis para sua coleção.* Limites nos ajudam a distinguir rapidamente o mais importante do pouco importante. São úteis em inúmeras atividades; use-os a seu favor. Escolhi minimizar minha coleção de livros do escritório de três para uma estante, mas esse grau de eliminação pode ser muito agressivo para você no momento. Tudo bem. Isso não é uma corrida. Escolha seus próprios limites e experimente. Você sempre pode ajustá-los mais tarde.

▶▶ *Dê-se permissão para manter os favoritos.* Lembre-se: menos é diferente de nenhum. Identifique seus livros favoritos e mantenha-os por perto. Você sentirá sua liberdade sabendo que todas as decisões vêm de si e ninguém as está forçando.

▶▶ *Leia digitais no lugar de impressos.* Com os leitores de e-books de hoje, você pode armazenar dezenas de livros digitais em um dispositivo muito mais fino do que um livro de bolso. Contudo, se tiver todos os livros da biblioteca no seu dispositivo, então, de certa forma, ainda estará mantendo bagunça — digital. Porém é uma alternativa que o distrai menos, é menos onerosa e mais fácil de acessar e guardar do que livros impressos.

ADEUS, SR. PAPEL

Quando eu era jovem, minha tia Sharron me deu um apelido: Sr. Papel. Ela ainda brinca com isso hoje, embora a brincadeira esteja um pouco ultrapassada 35 anos depois. Porém, na época, ela tinha razão. Eu adorava papel.

Adorava cadernos de todo tipo: azuis, amarelos, verdes, para uma matéria, três matérias; todos com a espiral na esquerda. Eu os usava para escrever histórias, desenhar figuras, registrar estatísticas, listar cartões de beisebol ou fazer trabalhos de matemática. Mantinha a maioria em uma pilha bagunçada no chão do meu quarto.

Conforme fui crescendo, fui perdendo a paixão por cadernos. No entanto, continuei cercado por pilhas de papel. Mas agora não eram estatísticas de beisebol. Eram contas a pagar, recibos de impostos a serem arquivados, cupons a serem destacados, tarefas de trabalho a serem realizadas, revistas a serem folheadas e um fluxo interminável de correspondências a serem selecionadas.

Dar conta de bagunça de papel não é fácil. E seria desonesto dizer que dominei totalmente essa área difícil. O papel parece fluir para nossas casas diariamente de várias fontes — pelo correio, da escola, da igreja e do trabalho, para citar algumas. É uma das principais causas de desordem em muitas casas e é um obstáculo difícil de superar.

Quanto papel você tem em casa? Tente esta experiência: estime quantas gavetas de arquivo você encheria com o papel de casa. E faça as contas. Uma gaveta média de armário de arquivo comporta 4.500 folhas.[4]

Muito, não é?

Não que você tenha que ter os seus papéis lindamente arquivados em gavetas. A maioria de nós hesita, empilha e muda os papéis de lugar, em vez de fazer algo útil com eles. Até mesmo executivos pegam um pedaço de papel de trinta a quarenta vezes antes de fazer algo com ele.[5]

Além do tempo e do espaço físico necessários para classificar, arquivar e armazenar papel, há o espaço mental que a bagunça de papel ocupa em nossa mente. "A desordem é um sinal visual de (...) procrastinação, e traz muita ansiedade", escreve Leo Babauta.[6] Em nenhuma situação essa afirmação é mais verdadeira do que quanto à bagunça de papelada.

Contas não pagas, jornais não lidos, correspondências não selecionadas e projetos de trabalho inacabados enchem nossas bancadas e mesas e clamam por atenção. Cada vez que passamos por pilhas de papel, nossas mentes se distraem da motivação do momento. Por esse motivo, é importante remover o máximo de bagunça possível do nosso campo de visão e focar o que é mais importante para nós.

A oportunidade de eliminar o papel — mantendo todos os documentos em formato digital — está se tornando cada vez mais acessível, mesmo para residências com pouca tecnologia. Eu recomendaria, se sua mente funciona bem com esses recursos.[7]

Contudo, mesmo que você não decida ficar totalmente sem papel, ainda é possível reduzir a quantidade deles. Apesar da predisposição contrária, fiz grandes avanços na implementação de processos simples, reprodutíveis em qualquer família. O processo de eliminar a papelada de nossas casas se resume a responder a três perguntas: *Por quê? O quê? Como?*

Por quê?

Para começar, pergunte-se: por que mantenho papel? As razões podem ser inúmeras:

- Você é um procrastinador e o papel representa as decisões que você está adiando.
- Você é desorganizado e a papelada é resultado de soluções de arquivamento ruins.
- Você está desinformado e guarda muitos documentos porque não sabe o que precisa guardar e o que pode jogar fora.
- Você está muito ocupado para lidar com eles ou lê-los, então os guarda para mais tarde.
- Você tem um apego sentimental a itens de papel, como bilhetes de amor, desenhos das crianças e recortes de jornais.

Você não pode encontrar uma solução para sua papelada até decifrar por que ela se acumula em sua casa.

O quê?

Depois de descobrir o porquê, você pode responder mais facilmente à pergunta: *quais papéis eu realmente preciso manter?*

Antes de me tornar minimalista, eu guardava inúmeros documentos financeiros. Uma olhada no meu armário revelava extratos de cartão de crédito e contas de serviços de dez anos antes. Eu os guardava porque achava que precisava.

Mas, na realidade, não era o caso. Embora seja *essencial* revisar as leis específicas de sua área, muitos países geralmente exigem que registros financeiros pessoais sejam mantidos por apenas três anos.[8] E com as instituições tornando os registros financeiros cada vez mais acessíveis online, manter arquivos em papel está se tornando menos necessário.

Quando a bagunça acumulada é de papéis não financeiros ou não jurídicos, adote uma mentalidade de museólogo para sua casa. Uma parte do que torna um museu ótimo são as coisas que *não* estão nas paredes, porque é isso que permite que certas obras fiquem em destaque. Torne-se um curador de itens que você mantém por motivos sentimentais ou de leitura geral. Minimize a papelada escolhendo manter apenas seus favoritos dentre as obras de arte de seu filho, os trabalhos escolares de seus alunos ou as publicações que você espera ler no futuro.

Como?

Depois de responder o *porquê* e o *quê*, você estará mais apto a estabelecer novos hábitos. Agora você precisa perguntar: *como vou manter a bagunça de papel sob controle?*

As duas soluções são (1) agir rápido e (2) arquivar adequadamente.

À medida que papéis adentrarem sua casa, tome uma decisão e aja de acordo. Jogue correspondências fora. Junte os cupons de promoção. Pague as contas. Guarde registros escolares. Arquive documentos financeiros. Cada um desses atos leva apenas alguns segundos — minutos, no máximo. Em vez de colocar papéis em uma bancada onde eles podem atrair mais desordem, lide com eles imediatamente.

Armazene itens com os quais você não puder lidar imediatamente em um local designado para cuidado futuro (recomendo uma pasta de arquivo simples). Em outro momento, sente-se e lide com o conteúdo todo de uma só vez, arquivando ou descartando itens conforme necessário.

Esse processo simples de agir rapidamente e arquivar imediatamente funcionará para quase todo tipo de papelada em sua casa. Você não sentirá falta das pilhas de papel. Você vai adorar a liberdade que sente ao se livrar da papelada que o distrai daquilo que você queria estar fazendo.

Conselho de Aparelho

A tecnologia muda rapidamente. Novos avanços são anunciados com alarde. A promessa de mudar a forma como interagimos com o mundo soa boa, e compramos dispositivos em quantidades incríveis. Enquanto isso, os aparelhos antigos ficam em volta porque não temos certeza do que fazer com eles. Será que a crescente bagunça de equipamento é inevitável?

Especialistas no mundo da tecnologia fazem uma distinção entre *obsolescência técnica* e *funcional*. A obsolescência técnica ocorre assim que os recursos do dispositivo são superados por outro dispositivo do mesmo tipo. Por exemplo, o fabricante do seu smartphone lança um modelo mais novo seis meses depois que você comprou o seu. A obsolescência funcional, por outro lado, ocorre apenas quando seu dispositivo não funciona mais como deveria; como quando o software que ele executa deixa de funcionar corretamente e não é mais suportado pelo fabricante.

Muitos de nós ficamos tentados a comprar algo novo logo após nosso aparelho atingir o ponto de obsolescência técnica. Se descobrimos que o aparelho legal que compramos no mês passado foi substituído no mercado por um ainda mais legal, passamos a querer o novo!

Acho que devemos esperar até mais perto da obsolescência funcional. E daí se não temos a coisa mais nova? Quem vai ligar, de verdade?

Agora, eu não sou contra o desenvolvimento ou uso de tecnologia. Na verdade, tenho o prazer de dizer que o minimalismo é mais possível do que nunca hoje por causa da tecnologia. No meu telefone, carrego filmes, livros, músicas, mapas, um calendário, um cartão Starbucks e uma agenda de endereços (só para citar alguns) — todas coisas que não preciso mais ter em formatos grandes. A tecnologia é uma razão pela qual o minimalismo continua a crescer; nunca foi tão fácil possuir menos.

Mas acho que, hoje em dia, muitas pessoas supõem que a nova tecnologia automaticamente torna as coisas melhores e apenas soma à conveniência. Isso não é verdade.

De fato, quando não usamos tecnologia de maneira consciente, muitas vezes ela aumenta a desordem de nossas vidas. Ela rapidamente drena nossa energia, nosso tempo, nosso espaço e nossas contas bancárias. Quem nunca perdeu uma tarde inteira tentando fazer um computador realizar uma tarefa aparentemente simples?

Ao decidir se vai comprar um aparelho novo ou manter o antigo — tanto no presente quanto no futuro —, o filtro que precisamos empregar é uma pergunta simples: "Qual problema ele resolve?"

A tecnologia deve facilitar nossas vidas, resolvendo problemas em casa e no trabalho de forma rápida e eficiente. Porém, se nossa tecnologia não está resolvendo problemas específicos, ela os está aumentando.

Eliminar a bagunça gerada por acumular dispositivos antigos que não estamos mais usando (e seus cabos e baterias) geralmente é apenas questão de dedicar um tempo para descartá-los adequadamente. Todas as áreas têm centros de doação e reciclagem de eletrônicos.

Mas e nossas compras futuras?

Comprar um novo telefone só porque saiu o modelo novo é tolice se não melhorar sua vida de forma tangível. O mesmo vale para câmeras, equipamentos de entretenimento e computadores. Você não precisa de uma televisão maior se enxerga bem com a que possui atualmente. Raramente as pessoas se arrependem de esperar o máximo para atualizar equipamentos. Você não precisa fazer fila para comprar um novo produto só porque a corporação que o fabrica diz que você precisa dele.

O que você precisa fazer é contabilizar o custo de oportunidade de suas compras. O que mais você poderia fazer com o dinheiro que não gastará se deixar de comprar um aparelho eletrônico? Quitar dívidas? Curtir uma viagem de fim de semana? Substituir aquele colchão velho que você usa há muito mais tempo do que o seu último telefone?

Comece perguntando se a nova tecnologia está realmente melhorando sua vida ou afastando você do que importa.

Evitar comprar eletrônicos por um tempo não é o fim de um sonho. É o começo de um progresso maior em direção ao que você quer da vida.

Somente o Melhor

Para mim e para minha esposa, organizar o porão foi um dos últimos passos em nosso processo de minimização. Não apenas porque tínhamos muita coisa armazenada lá (e como tínhamos). Mais importante que isso é que era um passo mais sensível para nós. Afinal, o conteúdo das caixas que guardávamos no porão contava as histórias de nossas vidas. Havia anuários do ensino médio, livros da faculdade e presentes de casamento não utilizados. Havia caixas de sapato cheias de fotos e lembranças de viagens ao exterior. Artefatos preservando inúmeras memórias da infância. Não seria fácil, para nós, eliminar nada daquilo.

A empreitada acabaria levando meses e exigindo um empenho emocional. Mas tínhamos treinado. Depois de podar nossas posses em todos os outros lugares de casa, havíamos solidificado nossa crença de que menos é melhor. E, assim, estávamos mentalmente preparados para passar pelo nosso maior teste: decidir quais dos itens com valor sentimental que havíamos acumulado nos últimos vinte anos jogaríamos fora.

Desenvolvemos uma estratégia que chamo de "apenas o melhor". É o que recomendo a todos que se angustiem com a perspectiva de eliminar os objetos que têm memórias ligadas a si. Não nos livramos de tudo, nem guardamos tudo. Mantivemos apenas os melhores — ou seja, os itens de qualidade mais alta e mais significativos —, com os quais nos lembraríamos de tempos passados e de pessoas queridas. Então, em vez de guardar essas peças especiais em caixas, encontramos lugares para elas em nossa casa, onde pudéssemos vê-las. Dessa forma, nossas mentes eram realmente levadas às memórias queridas com mais frequência.

Vou dar um exemplo de como foi.

Um dos momentos mais emocionantes para Kim durante nosso processo de triagem no porão ocorreu quando encontramos a caixa de lembranças do apartamento de sua amada avó Irene, depois que ela havia falecido. De muitas maneiras, Irene era uma heroína para Kim. Minha esposa respeitava o entusiasmo da avó pela vida, o amor pela família, a paixão pela oração e o compromisso com Deus. Então as lembranças nessa caixa eram valiosas para Kim. Ainda assim, aplicamos o critério "apenas o melhor" ali, como havíamos feito com outros lugares.

Kim selecionou três itens da caixa que, para ela, eram mais representativos da vida da avó: um prato para doces, que agora serve lanches para quem chega à nossa sala, assim como a avó fazia. Escolheu um broche de borboleta para prender no casaco, que a avó costumava usar quando fazia visitas. E ela manteve a Bíblia da avó, que agora reside em nossa mesa de cabeceira, exatamente onde — você adivinhou — a avó dela costumava mantê-la.

Ao guardar menos coisas da avó Irene, demos mais valor à sua memória. Mais importante que isso, exaltamos os valores de Irene que desejamos refletir. Como separamos o mais importante do menos importante, seu legado segue mais forte do que antes.

Você está começando a ver como "só o melhor" pode ajudá-lo a decidir o que fazer com seu próprio arquivo de memórias?

Se ainda parece difícil doar algumas de suas lembranças, deixe-me passar algumas dicas que podem facilitar. Pense nisso como passos no caminho para se manter apenas o melhor.

Dica: Tente Ficar com Metade por Enquanto

Se reduzir o número de itens de valor sentimental for difícil para você, tente limitá-los à metade da quantidade atual. Por exemplo, se você tem duas caixas de memórias do ensino médio, você pode reduzi-las a uma?

Livrar-se de metade é muito melhor do que não se livrar de nada. Esses tipos de limites autoimpostos geralmente nos ajudam a perceber rapidamente quais itens significam mais para nós. Eventualmente, podemos achar mais fácil reduzir mais a quantidade, até os melhores itens.

Dica: Fotografe Antes de Se Livrar de Algo

Você está mantendo itens de valor emocional porque tem medo de perdê-los? Nesse caso, você pode encontrar alívio se arquivar fotos digitais de alguns deles antes de removê-los. Você fica com um registro; eles não desapareceram por completo.

Lembre-se: suas memórias não são armazenadas no objeto; as memórias estão em você. O objeto apenas o ajuda a relembrar. Uma foto, portanto, pode servir ao mesmo propósito que o objeto físico.

Algumas pessoas podem se opor a essa dica porque tirar uma foto cria outra coisa para se apegar — a foto. E é verdade; como eu disse na questão com e-books, bagunça digital ainda é bagunça. No entanto, nesse caso, se bem organizado, o excesso digital é muito menos intrusivo e oneroso do que bagunça física. É mais fácil de transportar, gerenciar, localizar e de acessar.

Então, vá em frente, tire uma foto do baú quebrado que sua bisavó trouxe com ela no navio a vapor, do colar barato que foi o primeiro presente que seu futuro marido lhe deu, ou do primeiro desenho de seu filho de uma forma humana que tinha pescoço. A fotografia pode ser um auxiliar para a memória tão bom quanto a coisa em si.

Dica: Dê Vida ao Objeto Novamente

Se você está guardando objetos de valor sentimental que outra pessoa poderia usar, honre suas memórias dando vida a eles novamente. Doe-os para que eles criem memórias para os outros.

O exemplo perfeito são coisas de bebê.

Noto que pais têm dificuldade em se livrar de roupas, brinquedos e acessórios para bebês que os filhos usaram. É compreensível. Ligamos memórias preciosas dos anos de bebê a essas coisas.

Você pode manter "apenas os melhores" itens, como uma roupa de batismo. No entanto, você não precisa manter cada chocalho, babador e sapato de bebê. Seu estágio de vida é outro e você está criando memórias com seus filhos. Na verdade, se você mantiver essas coisas até que seus filhos sejam adolescentes, você só vai envergonhá-los com o passado.

Além disso, há muitas novas mães (solteiras e casadas) que poderiam ser abençoadas com roupas infantis e vários tipos de parafernália de bebê. Para que mantê-los e guardarmos a alegria de maneira egoísta? Não há mais alegria em saber que essas roupas estão sendo usadas em outro lugar, adornando um bebê precioso nos braços de sua mãe?

Quando você dá algo significativo para alguém que vai apreciar tanto quanto você...

Quem receber será abençoado.

Você será abençoado.

E o item doado ganhará vida novamente.

Nós nos apegamos a bens de valor sentimental porque nos lembram do que traz alegria e significado às nossas vidas: as pessoas ao nosso redor, as experiências que compartilhamos, o crescer e as realizações. Infelizmente, muitas vezes, os bens físicos que acumulamos em nossas vidas nos impedem de experimentar mais dessas mesmas coisas! Eles nos sobrecarregam com estresse e cuidados desnecessários e obrigações financeiras. Portanto, não tenha medo de manter apenas o melhor de seus objetos queridos. Você não pode alcançar novas experiências e relacionamentos se estiver muito ocupado se agarrando às coisas do passado.

E agora quero chamar sua atenção para duas áreas que você pode nem ter pensado em minimizar, mas deveria. O veículo que você dirige e a casa onde mora. Estamos chegando a alguns itens caros aqui. E a algumas opções de alto impacto para desistir de um sonho infrutífero e viver uma realidade melhor.

ORGULHO NO PASSEIO

Em nossa sociedade, as pessoas (não todas, mas muitas delas) são obcecadas por carros. Até certo ponto, nosso interesse por eles faz sentido.

Construímos nossas cidades de tal forma que, em muitas regiões, a vida demanda o uso de veículos. Mas nosso fascínio por eles vai muito além de nossa necessidade. Eles representam muito mais para nós do que um meio de ir do ponto A ao ponto B.

Frequentemente ter um carro é ter status, uma boa reputação ou representação de conforto. Provamos o nosso sucesso na sociedade pelos carros que dirigimos. Percebo também outras razões pelas quais compramos certos carros — nostalgia, amor por velocidade, fascínio pela engenharia automotiva recente, tentativas de curar alguma ferida interna. Porém a maioria de nós escolhe nosso carro pelo orgulho no passeio.

As estatísticas sobre o uso e as despesas com veículos parecem corroborar com a premissa de que os carros que dirigimos não são mais apenas para ir de um lugar para outro. De acordo com a *American Automobile Association*, o custo médio anual de se possuir um veículo em 2014 foi de US$8.698. Para motoristas de SUVs, o custo aumenta para US$10.624.[9] Em média, o carro e despesas operacionais compõem a segunda despesa mais significativa para as famílias (depois da casa própria), representando 15% da renda anual. O empréstimo médio para um veículo novo é superior a US$27 mil, e o empréstimo médio para um carro usado chega a quase US$18 mil.[10] Mesmo assim, queremos bons carros.

Anos atrás, em um evento em Phoenix, falei sobre os benefícios vitais do minimalismo. Depois, um jovem se aproximou e contou seu dilema.

"Joshua, concordo com tudo que você disse. Na verdade, já vivo uma vida bastante minimalista. Mas só tenho uma pergunta. Eu realmente gostaria de ter um bom carro. Quer dizer, quero *realmente* ter um bom carro, quando puder. Isso está errado?"

Enquanto ele falava, lembrei-me de uma citação do colunista Harvey Mackay que repeti em muitas ocasiões: "Se você pode comprar um carro chique, você causará mais impacto dirigindo um carro comum."[11]

Assim interpretei as palavras de Mackay: Embora você possa gastar US$60 mil em um carro de luxo para passear pela cidade com estilo, é melhor gastar US$30 mil em um carro mais modesto, mas útil, e ter

US$30 mil para resolver um problema real no mundo. No fim, comprar o carro de US$30 mil leva a uma alegria maior e satisfação mais duradoura.

Convidei o jovem a considerar o fato de que ele poderia gastar dinheiro e tempo em atividades mais valiosas do que carros de luxo. Não sei que decisão ele acabou tomando. Ele lutava com a mesma mudança de mentalidade sobre ter um carro que eu encorajo você a fazer.

Vivemos no século XXI. A menos que você more em um local com transporte público conveniente, provavelmente precisará de um veículo. E o encorajo a comprar um modelo bom, de uma montadora com boa reputação. Contudo, isso não significa que você precisa possuir o veículo que as equipes de marketing estão tentando convencê-lo a comprar. Será melhor possuir um veículo que lhe dê liberdade, confiabilidade e recursos para realizar o melhor que puder neste mundo.

Quando se trata de carros, gastar menos pode, na verdade, ser ganhar mais se isso permitir que você busque coisas mais importantes. Nesse caso, você pode ter um tipo diferente de orgulho de seu passeio.

Castelo à Venda

Assim como as pessoas em nossa sociedade tendem a comprar carros muito mais sofisticados e mais caros do que realmente precisam, elas tendem a comprar casas muito maiores do que precisam.

Você poderia estar melhor em uma casa menor? Vamos pensar nisso.

As pessoas compram casas maiores por vários motivos: elas "não cabem mais" nas menores. Elas começam a ganhar mais dinheiro. Um corretor de imóveis as convence de que podem bancá-la. Elas querem impressionar os outros. Ou acham que a casa maior será a "casa dos seus sonhos".

Outra razão pela qual as pessoas continuam comprando casas cada vez maiores é porque ninguém lhes diz para não fazer isso. O mantra de nossa sociedade novamente vem chamando: *Compre o máximo e o maior possível; é isso que você deve fazer quando começar a ganhar dinheiro.*

Ninguém nos dá permissão para buscar coisas menores, em vez de maiores. E ninguém descreve as razões pelas quais podemos realmente ser mais felizes em uma casa menor. Mas os motivos são muitos.

▶▶ **Lares menores são mais fáceis de manter.** Qualquer pessoa que tenha uma casa sabe a quantidade de tempo, energia e esforço necessários para mantê-la. Ainda que com características semelhantes, uma casa menor exige menos de você.

▶▶ **Casas menores são mais baratas.** Elas custam menos na compra e na manutenção (seguro, impostos, aquecimento, refrigeração, eletricidade etc.), o que resulta em mais dinheiro para outras coisas. E menos dívidas, menos riscos, menos estresse, menos impacto ambiental e menos tentação de acumular mais bens materiais.

▶▶ **Espaços menores encorajam a conexão entre familiares.** Uma casa menor resulta em mais interação social entre os membros da família. E a união faz a força, certo?

▶▶ **Casas menores são mais fáceis de vender.** É mais fácil por serem mais acessíveis para a maioria dos potenciais compradores de imóveis. E ser capaz de vender rapidamente quando você precisa se mudar elimina um dos grandes elementos causadores de estresse associados a ter uma casa.

Quando nossa família se mudou de Vermont para o Arizona, tivemos que vender uma casa antiga e comprar uma nova. Os mercados imobiliários eram notavelmente diferentes em cada região; poderíamos facilmente ter comprado uma bem maior, e ainda reduziríamos nossas parcelas mensais. Porém nunca pensamos em comprar uma casa maior. Mal podíamos esperar para entrar em uma menor.

Ainda tínhamos critérios para nossa nova casa. Ser menor não era o único objetivo. Ela tinha que funcionar de uma maneira que se adequasse à nossa jovem família e promovesse nossos valores. Nossa lista de itens não negociáveis consistia em possuir três quartos, uma sala de jantar, uma sala de estar com espaço suficiente para entretenimento, um ambiente agradável ao ar livre, que ficasse em um distrito escolar de qualidade em um bairro encantador e que tivesse mobília de qualidade feita à mão.

Ficamos muito felizes em encontrar uma casa que atendia exatamente aos nossos desejos. Reduzimos o tamanho do nosso lar em 30%, passando de quatro andares para um. Reduzimos nossos pagamentos de hipoteca em quase 50%; selecionamos qualidade a despeito de quantidade (sempre uma decisão sábia); eliminamos a ansiedade das pesadas parcelas mensais; encontramos uma casa em que todos os cômodos são usados todo dia e nos apaixonamos por cada centímetro quadrado dela.

Comprar uma casa é uma decisão pessoal que exige que você avalie um grande número de fatores, e não vou abordar cada um aqui. Só você conhece todas as variáveis que entram em jogo na hora de fazer sua escolha. No entanto, aí vai meu conselho geral: escolha seu canto com base em suas necessidades, não no que o corretor de imóveis diz que você consegue pagar. Escolha um negócio que traga liberdade, e não fardos.

Não estou dizendo que você tem que comprar uma casa menor. Só acho que você vai ser mais feliz se o fizer. Eu sei que nós somos.

Não Desista

Livros, papel, equipamento, lembranças, carros e casas são normalmente as áreas mais difíceis para as pessoas reduzirem. Nelas, achamos boas razões para manter o que temos. Nós nos perguntamos: "Se desistirmos disso, não estaremos abrindo mão de algo muito importante?"

Na verdade, estaremos abrindo mão de algo importante se não fizermos o trabalho duro de minimizar nessas áreas. Estamos abrindo mão da liberdade de viver plenamente a vida que queremos. Esse é o sonho real, e vale a pena qualquer sacrifício para torná-lo realidade.

Então, minha palavra final para você quando você se voltar para os pontos difíceis para organizar sua casa é esta: não desista.

Anos atrás, quase parei de escrever sobre minimalismo. Eu havia escrito no blog por quase um ano e havia certo crescimento no site, mas nada muito empolgante. E assim, em fevereiro de 2009, simplesmente parei de escrever. Não foi necessariamente um momento do tipo, "Ninguém lê meu blog, parei!" Porém outras coisas começaram a entrar no caminho. Empurrei o blog para um canto na minha cabeça e não reservava tempo em especial para ele mais.

Meu blog — agora uma parte tão importante da minha vida — poderia ter desaparecido na escuridão digital se não fosse por um comercial de rádio que foi ao ar na noite de 3 de março de 2009.

Enquanto eu dirigia meu carro para participar de uma conferência em Massachusetts, ouvi no rádio um anúncio de uma loja de móveis que estava coletando vestidos de festa velhos para doar a adolescentes que, de outra forma, não poderiam comprá-los. Achei a ideia genial. Ainda me emociono pensando em adolescentes sem recursos recebendo vestidos lindos para a noite do baile de formatura.

Então voltei ao meu blog com um post curto incentivando as pessoas a doarem vestidos de formatura antigos. Foi meu primeiro post em semanas.

Poucos momentos após a publicação do post, Christy, uma mulher que eu não conhecia, deixou um comentário: "Volte, Josh." Ela vinha lendo meu blog desde o começo, encontrando inspiração nas ideias, e agora estava me encorajando a continuar.

O comentário dela foi curto. Duas palavras apenas. Mas foi encorajador o suficiente para eu continuar escrevendo e fazendo postagens sobre o minimalismo. Resolvi perseverar. E sou muito grato por isso, porque descobri que escrever e falar sobre as alegrias do minimalismo fazem parte do meu propósito e da minha vocação.

Sei que o minimalismo pode ser difícil às vezes. Organizar uma casa é fisicamente exaustivo e emocionalmente desgastante. Um milhão de outras coisas que você poderia estar fazendo surgirão — e você pode facilmente colocar o minimalismo em segundo plano na sua vida.

No entanto, as maiores lições da vida requerem tempo e esforço. Poucas pessoas acertam de primeira.

Nos momentos em que quiser desistir, recorra à disciplina essencial da perseverança. Porque você nunca alcançará seu potencial máximo até que aprenda a superar a frustração, não importam as dificuldades de suas circunstâncias.

Vou lhe oferecer um breve comentário de encorajamento: você é capaz! Eu sei que você vai conseguir. Já vi pessoas de todas as esferas da vida serem bem-sucedidas nessa jornada.

Para ajudá-lo a continuar e ter sucesso, no próximo capítulo, quero compartilhar uma ferramenta para escolhas difíceis: criar experimentos para avaliar se você pode viver sem algo.

8

Experimentos para Viver com Menos

Você já testou um carro antes de decidir se deveria comprá-lo?

Ou levou algo que comprou para casa, sem estar certo de que vai gostar, porque a nova aquisição veio com uma garantia de devolução do dinheiro se você não ficasse totalmente satisfeito?

Seu médico já lhe prescreveu algum medicamento por um período de teste para ver se ajudava com os sintomas?

Aposto que você já fez tudo isso. A maioria de nós já fez. Há situações em que queremos tentar uma opção antes de nos comprometermos totalmente com ela.

Em outras palavras, nós experimentamos.

A experimentação é uma ferramenta poderosa que você pode usar para desenvolver a própria expressão de minimalismo. A ideia é simples: se você não tem certeza que quer se livrar de algo, viva sem aquilo por um tempo e depois decida se é necessário ou supérfluo. É uma maneira de testar se realmente precisa daquilo. Na minha experiência, isso muitas vezes acaba provando que não precisamos tanto do item quanto pensávamos.

Quando as pessoas começam com o minimalismo, eu as encorajo a tentar viver sem certas coisas por um determinado período. Isso as ajuda a decidir e superar as fases difíceis da minimização.

Porém, além disso, as experimentações com o minimalismo são uma habilidade que podemos usar para o resto da vida. É como um medidor sensível que faz a sintonia fina da nossa prática de minimalismo.

Portanto, o que vou apresentar neste capítulo não é apenas uma ferramenta para usar uma ou duas vezes, se lhe for útil. A experimentação é muito mais importante. Na verdade, eu diria que os benefícios de longo prazo do minimalismo estão aqui! É por meio da experimentação que descobrimos como realmente é estar satisfeito e quais são as outras possibilidades para nossas vidas.

Quase todo minimalista que conheço colocou suas suposições à prova, experimentando viver com menos em várias áreas da vida. Contarei algumas histórias deles mais adiante neste capítulo. E se você leva a sério a descoberta do mais com menos para sua vida, deixe-me encorajá-lo a criar seus próprios experimentos com viver com menos coisas.

Os parâmetros do experimento são simples e adaptáveis.

> **Experimento: vou viver sem** _____ **(pertences)**
> **por** _____ **dias (ou semanas ou meses).**
> **No final desse tempo eu vou decidir se:**
>
> [ ] Sim, posso viver sem essas coisas.
>
> [ ] Não, eu ainda preciso delas.

Com base na minha decisão, ou vou me livrar dessas posses permanentemente sem sentir falta delas, ou vou integrá-las de volta à minha vida e vou me sentir confortável com essa escolha.

Nada vai mantê-lo mais em seu caminho em direção ao minimalismo do que a experimentação.

Como Saber

Na minha família, tentamos inúmeras experiências. Por exemplo, cancelamos nossa assinatura de TV a cabo por um período de teste. Transformamos smartphones em telefones normais removendo aplicativos e notificações. Experimentamos como seria usar muito menos roupas. Não comemos fora por um mês. Paramos de usar nossa máquina de lavar louça. Fomos guardando móveis, utensílios de cozinha, obras de arte e brinquedos infantis, cada vez testando um novo limite.

Conforme conduzíamos experimento após experimento, começamos a reconhecer que nossa casa e nossa família funcionavam muito bem, ou até melhor, sem bagunça nos sobrecarregando e roubando nosso tempo e energia.

Contudo, nossos experimentos nem sempre produziram uma resposta afirmativa. Nem sempre concluíamos que deveríamos eliminar algo permanentemente.

Um desses experimentos foi vender um de nossos carros para vivermos como uma família de um único veículo.

Kim e eu começamos a pensar como seria mais simples e barato ter apenas um carro, para fazer manutenção, seguro, abastecer, estacionar e limpar. Então, pouco antes de sair de Vermont para o Arizona, vendemos nossa minivan para um amigo, mantendo apenas nosso Honda Accord como veículo da família. E tentamos fazer um novo esquema que funcionasse. Se bem me lembro, durou quatro meses. Porém percebemos nas primeiras duas semanas que realmente não estava dando certo.

Com dois adultos com suas ocupações e duas crianças com horários de escola e outras atividades, morando em uma cidade com transporte público insuficiente, valia a pena para nós ter dois carros. Nesse experimento, o peso e as complicações para tentarmos dar conta com apenas um carro tornaram mais difícil vivermos nosso propósito. Compramos outro.

Mas, honestamente, minha experiência é que grande parte dos experimentos de viver com menos não é assim. A maioria dessas experiências é bem-sucedida. Na verdade, sou confiante que, se você seguir a ideia da experimentação, ficará surpreso e encantado ao descobrir que realmente precisa de poucos pertences. Os experimentos serão oportunidades para você aprender mais sobre si mesmo e abrirão as portas para um estilo de vida muito menos complicado, mais leve e com mais possibilidades do que jamais imaginou que poderia ter.

Mais do que isso, você não precisará mais se perguntar se pode viver sem algo. Com precisão quase científica, você saberá se consegue ou se não.

E sempre que você fizer um desses experimentos, você descobrirá o que significa "suficiente" para si.

Descobrindo o que é Suficiente

Mais do que ninguém, Patrick Rhone moldou minha compreensão do conceito de suficiente.[1] Patrick mora em St. Paul, em Minnesota, com a esposa e a filha. Ele é um escritor que adora computadores Mac, canetas finas, arte, poesia e palavras lindamente elaboradas. Em seu livro *Enough* ("Suficiente", em inglês), ele aplica a atitude experimental para descobrir o que é suficiente:

> O suficiente vem de experimentar coisas. Vem de desafiar suas concepções. Vem de ter menos, experimentar ter mais e depois reduzir para descobrir o quanto é o certo. Vem de deixar de lado o medo de menos. De deixar de lado a falsa segurança do mais. Também vem de ter mais, perder tudo e descobrir o que realmente é a necessidade. Suficiente é trabalho duro.
>
> Para chegar lá, é preciso deixar de lado os "e se", as conjecturas, as suposições, o adivinhar e as meias-verdades. É preciso superar o medo, a gula, a dúvida e os pensamentos

de grandeza. É necessário fazer perguntas difíceis para encontrar respostas mais difíceis ainda...

Mas, por favor, tenha em mente que até isso muda. Assim como um equilibrista deve fazer pequenos ajustes a condições em mudança constante, você também precisa.

O objetivo, então, não é encontrar o que é, ou será, suficiente para sempre. Isso é impossível. É descobrir as ferramentas e estratégias que você precisa para encontrar o que é suficiente para você nesse momento e proporcionar a flexibilidade para se ajustar conforme as condições mudam.[2]

O conceito de suficiente é uma descoberta pessoal que deve levar em conta vários fatores importantes. Contudo, se nunca o buscarmos, nunca faremos a descoberta.

A imagem de Patrick de um equilibrista na corda bamba está sempre na minha mente. Pode ser você ou eu lá em cima sobre o arame! Na maioria das vezes, nos inclinamos para o lado de ter demais. Mas nem notamos, de tão acostumados que estamos a pender para esse lado. Experimentar viver sem certas coisas nos permite ver o que é pender para ter muito pouco. Eu diria que muitos de nós (obviamente há exceções) nunca viveu com muito pouco. Somente ao fazê-lo podemos encontrar o equilíbrio certo, no meio. Esse ponto de equilíbrio não é muito e nem é pouco; é apenas o suficiente. A experimentação nos ajuda a encontrá-lo.

Pegue algo simples, como seus sapatos. Quantos pares de sapatos são suficientes? A maioria de nós não sabe. Se estamos interessados no minimalismo, podemos ficar tentados a dizer que só precisamos de um par. Contudo, na realidade, a menos que você pretenda usar seus sapatos de trabalho no jardim ou na quadra de basquete, um par provavelmente não é suficiente. Você vai precisar de, pelo menos, dois calçados. Talvez três, se quiser um par de sapatos superbonitos para usar na igreja no domingo ou para sair para algum lugar especial. Três são suficientes, então? Para você talvez seja. Ou talvez não.

A questão é que a maioria das pessoas nunca se fez essas perguntas. Em vez disso, elas têm oito ou nove (talvez 28 ou 29) pares de sapatos no armário e comprariam com prazer outro par que achassem que precisam, se o encontrássemos em promoção.

Esse é apenas um pequeno exemplo dos motivos pelos quais precisamos desafiar nossas suposições sobre o quanto realmente precisamos.

Arrisco-me a dizer que a maioria de nós já possui mais do que necessita. Passamos do ponto suficiente há muito tempo. Nós simplesmente não percebemos. E nunca perceberemos... Até que comecemos a ver quão pouco realmente precisamos, por meio da experimentação.

Mencionei brevemente, em um capítulo anterior, uma pessoa que estava urgentemente motivada a experimentar para encontrar o significado de suficiente para si; uma amiga minha chamada Courtney Carver.

Projeto 333

Aos 37 anos, Courtney Carver recebeu o tipo de diagnóstico médico que todos nós temermos: ela tinha esclerose múltipla.[3] Um milhão de perguntas começaram rodar na mente dela. E Courtney não era o tipo de pessoa que ficaria inerte perante esse desafio. Sua nova obsessão passou a ser pesquisar as causas, sintomas, tratamentos e histórias de sucesso relacionadas à doença.

Uma coisa que Courtney aprendeu rapidamente foi que o estresse poderia contribuir para a progressão de sua doença e que desestressar poderia retardá-la.

"Quando aprendi sobre como o estresse contribui não apenas para a esclerose múltipla, mas para muitos outros problemas de saúde", Courtney me disse, "eu sabia que tinha que agir. O estresse pode vir através de comida, medo, preocupações, negócios, relacionamentos ruins, dívidas, questões emocionais, bagunça e uma série de outros fatores internos e externos. Eu sabia que essas eram coisas que eu poderia controlar".

Courtney rapidamente percebeu que a maneira mais eficaz de eliminar o estresse era simplificar sua vida.

"Achei que merecia coisas boas porque estava trabalhando muito. Fazer compras era meu calmante, eu pensava. No entanto, quando comecei a observar minha casa, percebi que estava apenas aumentando o estresse — não apenas com o cuidado e a limpeza, mas também a dívida que todas as minhas coisas representavam. Quando comecei a me livrar delas, descobri cada vez mais calma e menos estresse. Eu me perguntava o que mais eu poderia eliminar para encontrar mais paz."

Courtney me contou uma história sobre três vasos de gérberas secas — uma lembrança de seu casamento — que ela mantinha na cômoda do quarto que dividia com o marido. Courtney se lembra de ter olhado para os vasos uma noite e se perguntado: *Esses vasos estão realmente me beneficiando? Parece que só o que faço com eles é limpar.* Sem contar ao marido, ela decidiu removê-los por sessenta dias. Perto do final do experimento, ela percebeu que o marido nem havia notado a ausência deles — e nem ela. Então passou a experimentar ter menos coisas em outros lugares.

Em um esforço para simplificar a rotina matinal ainda mantendo seu estilo de roupas específico, Courtney inventou um experimento chamado Projeto 333.[4] Por um período de três meses, Courtney se permitiu usar apenas 33 peças de roupa — sapatos e joias incluídas (sem considerar peças íntimas, roupas de dormir e de ginástica). De fato, ao final dos três meses, o armário de Courtney estava mais limpo, arrumado, com apenas 33 itens — o número que ela mantém até hoje.

Desde então, o desafio de Courtney já foi relatado por quase todas as principais redes de notícias e foi aderido por dezenas de milhares de pessoas, homens e mulheres de todo o mundo, em inúmeros climas. E graças ao exemplo de Courtney, muitos (inclusive eu) estão se libertando do estresse matinal de olhar para um armário cheio e não encontrar nada para vestir.

Entre outras lições que os experimentos de Courtney nos proporcionam, eles nos lembram de que não precisamos despachar as coisas imediatamente. Com o experimentar, deixamos os itens de lado temporariamente, enquanto decidimos o que fazer com eles. Assim como Courtney manteve seus três vasos e seu excesso de roupas até ter certeza de que não precisava mais deles, podemos guardar nossos pertences questionáveis até decidirmos.

Não é um desvio. É uma estratégia útil. Eu a chamo de *nivelamento*.

Nivelamento: Você Precisa Dele

Uma das primeiras conversas que tive sobre a decisão de nossa família de minimizar foi com Liz, uma amiga minha e de Kim. Estávamos no quintal de um amigo curtindo uma linda noite de verão no estado da Nova Inglaterra quando comecei a compartilhar com Liz as mudanças pelas quais estávamos passando. Contei a história da limpeza da garagem e quando ouvi da minha vizinha que não precisávamos de tudo aquilo. E mencionei que havíamos enchido várias caixas com nosso excesso e colocado-as no porão até que decidíssemos o que fazer com elas.

Nesse ponto, Liz perguntou: "Você está minimizando ou está apenas nivelando? Parece que você está apenas mudando coisas de um quarto para outro."

Isso me fez pensar. Em um sentido, ela estava certa: mover o excesso de coisas para um espaço de armazenamento pouco se assemelhava a possuir menos. Não era minimalismo, e eu estava sendo menos atento para a eliminação do que poderia ter sido. Nós realmente não nos libertamos das posses até que as removamos permanentemente de nossas vidas.

Porém, olhando para trás, reconheço que transferir nossas coisas para o porão foi um passo importante. Isso nos deu tempo e espaço para tomar decisões melhores sobre o que manteríamos e o que eliminaríamos.

Liz lançou sua referência ao "nivelamento" como um desafio bem-intencionado. Contudo, em vez de me ressentir, decidi abraçar o desafio. Desde então, tenho divulgado as vantagens do nivelamento.

Anos atrás, fiz uma palestra em um evento sobre como o minimalismo é estimulante e sobre os benefícios práticos de se possuir menos. Após a apresentação, uma mulher de vinte e poucos anos se aproximou de mim e começou a me contar sua história.

Essa jovem havia se formado na faculdade e começado a trabalhar para uma empresa local em uma função independente de localização, o que significava que ela poderia trabalhar remotamente de qualquer lugar do mundo. Ela adorava a ideia de poder viajar e usar aquela fase de sua vida para conhecer o mundo. Porém ela disse: "Tenho um problema. Tenho um apartamento cheio de coisas das quais tenho dificuldades para me desfazer. Eu realmente quero viajar. Mas estou esperando me livrar de todas as minhas coisas. Você pode me ajudar a encontrar motivação para finalmente minimizar tudo?"

Quando ela fez aquela pergunta, eu me lembrei da minha conversa com Liz naquela noite de verão. Sugeri: "Se por enquanto estiver muito difícil para eliminar suas coisas, talvez você possa tentar nivelar."

Meu conselho para a jovem foi o seguinte: "Não deixe que suas posses a impeçam de perseguir seus sonhos. Alugue o menor guarda-móveis possível. Coloque tudo dentro. Vá viajar pelo mundo. Posso garantir que, quando você voltar depois de seis meses e for naquele serviço de armazenamento, não terá sentido falta da maior parte das coisas. E aí, eliminá-las será mais fácil do que você imaginou."

Ela aceitou o desafio. E agora ela tem memórias insubstituíveis de suas viagens.

Nivelamento se tornou a palavra que uso para descrever essa etapa intermediária, que muitos empregarão como parte de sua jornada de organização.

Os aspectos práticos da ideia são simples.

Se você ainda não está pronto para se desfazer de um objeto, seja por motivos sentimentais ou funcionais, coloque-o em uma caixa com itens semelhantes. Na parte externa da caixa, escreva a data e uma breve descrição do conteúdo. Guarde a caixa em algum lugar fora de vista, talvez num porão, sótão ou no fundo de um armário.

Alguns meses depois, quando você já tiver esquecido totalmente, você vai se deparar com a caixa. Quando o fizer, reveja o conteúdo. Provavelmente, você achará muito mais fácil se desfazer desses itens. Você reconhecerá que não precisa deles tanto quanto pensava.

Além disso, você descobrirá que seu apego sentimental aos itens terá diminuído significativamente. Objetos não são pessoas. Raramente a ausência de um objeto faz o coração sentir saudade.

Depois de aceitar a estratégia de nivelamento, aplique-a ao que for necessário. Outro amigo meu, Ryan Nicodemus, tem um exemplo radical de como ela pode ajudar.[5]

A Festa de Empacotamento

Ryan Nicodemus tinha um cargo chique no trabalho, boa renda, um grande apartamento e um gato. Como ele disse: "Eu tinha tudo o que sempre quis, tudo o que 'deveria' ter. Meu gato e eu estávamos vivendo o sonho americano."

Ryan disse que, embora por fora as coisas parecessem bem, estava faltando algo. "Mesmo ganhando muito dinheiro", ele disse, "eu tinha pilhas de dívidas. Perseguir o sonho americano me custou muito mais do que dinheiro: minha vida estava tomada de estresse, ansiedade e insatisfação. Eu estava muito triste. Eu poderia parecer bem-sucedido, mas certamente não me sentia assim. Chegou a um ponto em que eu não sabia mais o que era importante".[6]

Sem o conhecimento de Ryan, seu melhor amigo há 25 anos — Joshua Fields Millburn — havia descoberto o minimalismo enquanto separava os pertences da mãe falecida. Essa crise, somada a um divórcio, motivou

Joshua a redescobrir o que mais importava para si. Joshua passara os últimos meses não apenas descartando os pertences da mãe, mas também eliminando bens desnecessários de sua própria vida.

Durante um almoço num dia de semana, Joshua encorajou Ryan a considerar a possibilidade de possuir menos. Ele adicionou ao convite com uma promessa simples: "Depois de tirar a bagunça do caminho, você encontrará espaço para o que é realmente importante."

E Ryan decidiu fazer exatamente isso.

De uma das maneiras mais originais que já ouvi falar...

Ryan e Joshua realizaram uma "festa de empacotamento".

Ao longo de nove horas, Ryan e Joshua empacotaram tudo no apartamento de três quartos de Ryan em caixas. E com "tudo", quero dizer *tudo*: a cozinha, a sala de jantar, a sala de estar, o quarto da família, os três quartos de dormir, armários e gavetas cheias de besteiras. Até cobriram os móveis com lençóis.

O desafio de Ryan daqui para a frente era simples: desembalar os itens apenas quando fossem necessários.

Ao final de duas semanas, Ryan ficou chocado com a quantidade de coisas ainda embaladas — não necessárias ou raramente usadas. Esse processo fez com que ele reavaliasse seus bens e sua vida de maneira significativa.

Após várias semanas de seu experimento, ele resumiu suas descobertas: "Você já parou para pensar de onde vêm suas crenças? A casa que acreditamos que precisamos ter, os dois, três, quatro filhos que acreditamos que precisamos criar, os dois carros que acreditamos serem necessários para viver o sonho americano? Não tenho certeza de onde as minhas vieram, mas estou começando a repensá-las. Estou descobrindo que meu apartamento, as coisas nele e as caixas que embalei não são tão importantes quanto eu acreditava que eram. Embalei um monte de coisas que eu realmente acreditava lá no fundo que precisava manter. Apesar disso, aqui está a maioria das caixas. Não utilizadas, intocadas."[7]

Você não precisa chegar ao nível do Ryan. Não precisa empacotar tudo. Contudo, não hesite em embalar e deixar de lado tudo que você acha que pode passar sem. Essa é a zona intermediária na abordagem experimental para se livrar do que você não precisa e melhorar sua vida.

A Liberdade Está a 29 Dias de Você

Como vimos, há muitas maneiras de criar um experimento de viver com menos. Deixe-me dar uma sugestão que você pode usar com qualquer coisa: use o número 29.

Quando Kim e eu estávamos realizando experimentos para descobrir sem o que poderíamos viver, muitas vezes demos um prazo de 29 dias a esses experimentos. Por quê? Bem, 29 dias de alguma forma pareciam uma quantidade de tempo administrável. Não era exatamente um mês, como quando um item à venda por US$9,99 parece mais acessível do que por US$10,00. No entanto, 29 dias era uma quantidade substancial de tempo, suficiente na maioria dos casos para decidirmos se queríamos manter algo ou não.

Nossa amiga Liz estava certa — não queríamos deixar as coisas encaixotadas em nosso porão para sempre. Era melhor transportá-las logo para um armazém de uma instituição de caridade, se não fôssemos usá-los. Precisávamos de um prazo. Vinte e nove dias soavam bem para nós.

O número 29 é mágico? Claro que não. Porém... se ele permitir que você defina seus próprios experimentos, torne-os gerenciáveis e realmente os execute, então, sim, é mágico!

Se você pode viver feliz sem algo por 29 dias, muito provavelmente pode viver feliz sem isso para sempre.

Então...

Qualquer tipo de pertence que você queira tentar viver sem...

Qualquer que seja o número de itens ou a porcentagem de itens que você deseja tentar remover ou a qual queira se restringir...

Independentemente do tempo que você deseja que o experimento dure...

Estabeleça esses parâmetros especificamente, marque a data de término no calendário e comece.

Se você está se perguntando se tenho sugestões práticas, aí vão algumas.

Roupas

A maioria de nós tem armários cheios de roupas que não usamos mais ou nem gostamos, apenas ocupando espaço. Portanto, considere seu armário um lugar privilegiado para começar a levar a sério a vida com menos pertences. Você poderia tocar a vida bem, usando apenas 50% de suas roupas, ou até 25%? Aposto que poderia. E aposto que você vai achar que se arrumar é muito mais fácil quando gosta do que está pendurado em seu armário.

Courtney Carver usou apenas 33 peças de roupa durante três meses. Você poderia tentar a abordagem dela.

Ou algo ainda mais simples: use a regra do "29 mágico":

> *Experimente:* Vou remover 29 peças de roupa do meu armário e não usá-las por 29 dias.

Enfeites

Se você é como a maioria das pessoas, muitos dos enfeites em sua casa não têm valor pessoal para você. Eles simplesmente combinam com seu esquema de cores ou estavam à venda quando você entrou na loja. Infelizmente, eles estão distraindo você e seus convidados de objetos que destacam seus valores ou aqueles ligados a alguma história pessoal.

Reserve um momento para percorrer sua casa com um olhar perspicaz. Remova os itens de decoração que mais atrapalham do que enriquecem sua experiência de vida. Você vai gostar de ter uma casa que compartilhe a história da sua família de forma menos confusa e mais focada.

> **Experimente:** Vou remover 29 enfeites (ou cerca de 29% dos itens de decoração) por 29 dias.

Brinquedos

Sempre que ouço pais reclamarem que os filhos pequenos têm brinquedos demais, respondo com a pergunta: "Como você acha que isso aconteceu? Seu filho não dirigiu até a loja para comprá-los. Se há brinquedos demais em sua casa, você é o culpado." No entanto, geralmente fico muito nervoso para dizer isso em voz alta, então apenas penso.

Ainda assim, acredito que há grande benefício em ter menos brinquedos. As crianças expressam mais criatividade, desenvolvem períodos de atenção mais longos e têm mais respeito pelos brinquedos que possuem.

Embora você possa consultar seus filhos antes de realocar os brinquedos não utilizados, há grandes chances de que, depois de apenas algumas semanas, eles esqueçam os antigos, que não usavam. Você, porém, vai se lembrar deles toda vez que notar que não precisa mais guardá-los!

> **Experimente:** Vou remover cerca de 29% dos brinquedos dos meus filhos e, por 29 dias, ficarei atento a quais deles as crianças pedem (se pedirem).

Utensílios de Cozinha

Parece que nunca temos espaço de suficiente na cozinha. No entanto, nossas avós cozinhavam com mais frequência, de forma mais elaborada e melhor do que muitos de nós — em cozinhas menores e menos equipadas.

A verdade é que, quando falamos de cozinhar, simplicidade é quase sempre melhor. Precisamos de muito menos utensílios de cozinha do que costumamos ter. Tente remover 29 coisas da sua cozinha e guarde-as em uma lixeira de plástico pelos 29 dias seguintes. E veja se você gosta mais de cozinhar em um novo ambiente livre de bagunça.

> *Experimente:* Vou guardar 29 utensílios de cozinha e cozinhar sem eles por 29 dias.

Mobília

Pode demandar trabalho pesado, mas se você estiver pronto para o desafio, remover móveis em excesso dos quartos imediatamente abrirá espaço e fluxo para o ar em sua casa. Móveis raramente usados ocupam mais espaço do que você imagina.

Claro, o experimento exige que você tenha um lugar para guardar os móveis durante o período de teste, mas é uma maneira de eliminar uma das maiores formas de bagunça de casa e gerar uma diferença imediata.

> *Experimente:* Vou remover, pelo menos, um móvel de cada um dos cômodos principais da minha casa e guardá-los pelos próximos 29 dias.

Em vez de passar os próximos 29 dias imaginando como você pode adquirir mais pertences, talvez possa melhorar sua vida usando esse tempo para determinar o quanto você pode eliminar.

O EXPERIMENTADOR REAL

De acordo com a Bíblia, o rei Salomão de Israel acumulou uma fortuna que superava a de qualquer outro governante de seu tempo. Através de tributos sobre reinos dependentes, Salomão coletava 666 talentos (cerca de 25 toneladas) de ouro a cada ano. Se o ouro vale US$1 mil por onça, são US$800 milhões, todos os anos! E isso não incluía sua renda de impostos e comércio.[8]

Ele ganhou muito dinheiro (literalmente), e também o gastou.

De certa forma, o rei Salomão fez o oposto do tipo de experimentação que falamos neste capítulo. Em vez de ver como se sentia vivendo com menos, ele tentava descobrir como era viver com mais. Ele dizia a si mesmo: "Venha para mim, vou testar com prazer para descobrir o que é bom."[9]

Veja como ele resumiu mais tarde seu "experimento maximalista":

> Realizei grandes projetos: construí casas para mim e plantei vinhas. Fiz jardins e parques e neles plantei todo tipo de árvores frutíferas. Fiz reservatórios para regar bosques de árvores frondosas. Comprei escravos e escravas e tive outros que nasceram na minha casa. Eu também possuía mais gado e rebanhos do que qualquer um em Jerusalém antes de mim. Acumulei prata e ouro e o tesouro de reis e províncias. Adquiri cantores e cantoras, e também um harém — as delícias do coração de um homem. Tornei-me muito maior do que qualquer um em Jerusalém antes de mim.[10]

Ele levou esse experimento ao limite, dizendo: "Não me neguei nada que meus olhos desejassem."[11]

E quais foram os resultados de seu experimento? No final da vida, Salomão escreveu estas palavras em seu diário. É quase possível ouvir a desilusão em sua voz:

> Quando examinei tudo o que minhas mãos tinham feito e quanto eu havia lutado para consegui-lo, nada tinha sentido, era uma perseguição ao vento.[12]

Futilidade. Foi isso que Salomão descobriu.

O que é interessante para mim é que esse é o tipo de experimentação que a maioria das pessoas hoje está tentando fazer (embora em uma escala muito menor). Também estão gastando todo dinheiro que conseguem consigo mesmas. E como o rei mais rico de Israel, elas estão caminhando para um sentimento de desilusão e futilidade.

Vamos ter cautela aqui? Vamos tentar o outro lado; experimentemos viver com menos. À medida que descobrirmos o quanto realmente precisamos para viver e permanecermos lá, acredito que abriremos espaço em nossas vidas para toda a satisfação e realização que o rico Salomão esperava encontrar, mas não conseguiu.

Uma Ferramenta que Nunca Enferruja

Muitas vezes me perguntam: "Como faço para saber a diferença entre uma necessidade e um desejo?"

Minha resposta é sempre a mesma: "Você saberá, se tentar ficar sem aquilo por um tempo."

Agora *você* sabe como criar experimentos que lhe dirão o que remover e o que manter em casa. Se você tem uma família, e se sua dinâmica familiar permitir, inclua os seus familiares nesses experimentos. Se for apenas você realizando os experimentos, também pode funcionar.

O importante é fazer. Não pense demais. Não demore. Não se preocupe. Vá em frente.

Afinal de contas, é apenas um experimento.

Se não funcionar, pare e tente de outra forma.

Os experimentos de viver com menos serão mais úteis no início, quando estiver tentando redefinir seu estilo de vida material para um nível mais baixo e mais sustentável. Porém, mesmo depois de ter curtido um estilo de vida mais simples por anos, você pode ocasionalmente realizar um experimento desses para ajustar sua abordagem ou ajudá-lo a se adaptar a novas condições de vida. Por exemplo, quando minha esposa e eu vivermos num "ninho vazio", depois que nossos filhos partirem para viver suas vidas, aposto que finalmente conseguiremos viver com apenas um veículo. No mínimo, pode apostar que vamos testar isso por 29 dias!

Desafie-se a identificar as coisas desnecessárias em sua casa. Você se sentirá livre e leve quando descobrir que realmente precisa de poucas coisas para viver uma vida feliz e realizada.

9
Programa de Manutenção

Se você está seguindo meu conselho enquanto lê o livro, começou a minimização fazendo as coisas mais fáceis — eliminando de casa os itens dos quais claramente não precisava. Logo, você passou às áreas mais difíceis de sua casa, indo metodicamente de cômodo em cômodo. Ao longo do caminho, adquiriu a habilidade da experimentação, tentando viver sem algo para poder determinar se realmente precisa daquilo.

No fim, chegará a um ponto em que terá suas posses reduzidas ao número certo para si, o mínimo que lhe permita maximizar os valores importantes em sua vida.

Isso é fantástico.

Mas como você vai manter o que alcançou? Como você vai evitar que a desordem volte?

Eu tenho uma resposta: comece a formar hábitos que o ajudarão a manter suas conquistas imediatamente.

Em qualquer área da vida em que tentamos mudar os maus hábitos, um conselho sábio é não só parar de fazer aquilo que é prejudicial, mas colocar um comportamento diferente e melhor no lugar. Para dar um pequeno exemplo, pessoas que estão tentando parar de fumar geralmente começam a mascar chiclete. Se não usarem esse comportamento de substituição, podem acabar de volta ao início, ao vício em nicotina.

A natureza abomina o vácuo. Algo sempre se apressa em preenchê-lo. A natureza humana, aparentemente, é igual.

Se você não quiser se encontrar preenchendo os espaços vazios em sua casa recém-organizada, estabeleça práticas que não apenas o levarão aonde você quer chegar com o minimalismo, mas também o manterão lá. Como uma pessoa de dieta que atingiu o peso ideal, estabeleça um programa de manutenção para manter seu estilo de vida mínimo.

Gostaria de sugerir cinco hábitos que qualquer pessoa pode adotar para consolidar as vantagens do minimalismo. Vou lhe ensinar...

- rotinas diárias e semanais que podem manter sua casa com um aspecto bom;
- uma maneira infalível de quebrar o poder que as lojas têm sobre você;
- a mudança mais útil a se fazer em seu tempo de lazer;
- o que fazer com as zonas perigosas que são Natal, aniversários e outras ocasiões em que damos presentes; e
- como olhar de uma perspectiva diferente para o que você já possui.

Vou começar com dez das práticas mais fáceis e úteis que você pode incorporar à sua agenda para tornar sua casa um refúgio de paz e ordem todos os dias. São estas que minha família pratica regularmente; posso garantir que funcionam.

Caçadores de Bagunça

Certas pessoas que se sentem sobrecarregadas com a desordem em casa acham que a solução é usar recipientes e outras ferramentas de organização. Embora eu tenha esclarecido esse equívoco no Capítulo 2, uma ideia errada parecida é que arrumar a bagunça vai resolver o problema. "Limpe a bagunça e coloque as coisas de volta onde estavam de início, e a situação está resolvida", é o que as pessoas pensam.

A verdade é que arrumar as coisas não é suficiente para deixar nossas casas em um estado que não nos sobrecarregue mais. Para isso, temos que minimizar — reduzir de verdade a quantidade de coisas em casa. Temos que deixar de possuir.

No entanto, uma vez que você tenha sua casa minimizada do jeito que você quer, a arrumação pode mantê-la desse jeito.

O truque é incorporar práticas de arrumação em suas rotinas normais para que a bagunça nunca tenha chance de voltar. Você descobrirá que arrumar não é difícil ou pesado. Afinal, se reduziu tudo, não há muito o que guardar. Cada item tem um propósito e um lugar.

1. *Arrume a cama toda manhã.* Bagunça atrai bagunça. Um dos lugares mais fáceis para constatar isso é o quarto. Sua cama é a peça central do quarto e, se não for arrumada, a bagunça começa a se acumular ao redor dela. O primeiro e melhor passo ao limpar um quarto, então, é fazer a cama. E o primeiro e melhor passo para um dia a dia livre de desordem é arrumar a cama logo de manhã.

2. *Lave a louça imediatamente.* Lavar alguns pratos à mão leva menos tempo do que colocá-los na máquina de lavar louça. Isso se aplica a xícaras, tigelas, pratos e talheres. Se você os lavar logo depois de comer, vai ser rápido. Se lavar à mão não for opção, certifique-se de colocar os pratos usados na máquina imediatamente. Ninguém gosta de entrar numa

cozinha com pratos empilhados na pia ou na mesa, e é ainda menos divertido comer num lugar assim.

3. **Encha seus contêineres de lixo e recicláveis.** Use todos os momentos de coleta de lixo como desculpa para encher suas lixeiras. Pegue uma caixa de coisas descartadas do sótão, brinquedos quebrados do quarto, comida estragada da despensa, papelada antiga do escritório — o que quer que tenha acumulado. Em seguida, coloque-os onde o lixo será recolhido. Você vai pegar o jeito rápido. Pode até passar a gostar do dia da coleta de lixo (OK, talvez agora eu tenha ido longe demais).

4. **Sempre deixe espaço vago em seu closet.** Há uma boa razão pela qual casacos, botas e malhas acabam espalhados por toda a casa. É que seu closet ou armário de casacos está tão cheio que é um incômodo guardar as peças e depois pegá-las rapidamente. Portanto, deixe espaço no chão do closet, nos cabides e nas prateleiras para que seus familiares guardem ou retirem as peças com rapidez.

5. **Mantenha as superfícies livres.** Mesas da cozinha, balcões dos banheiros, cômodas dos quartos, tampos de mesa, escrivaninhas são áreas que naturalmente acumulam bagunça. Guarde os pequenos utensílios de cozinha. Recolha moedas. Arquive comprovantes. Coloque produtos de higiene pessoal em um armário destinado a isso. Fique de olho nas superfícies e trabalhe para mantê-las limpas e vazias.

6. **Complete tarefas rápidas imediatamente.** A desordem geralmente é resultado da procrastinação — decisões adiadas ou pequenas tarefas inacabadas. Combata a procrastinação em casa com uma regra simples: se uma tarefa pode ser concluída em menos de dois minutos, faça-a imediatamente. Leve o lixo para fora, esfregue a panela, leve

o controle remoto para a sala ou coloque as roupas sujas no cesto. Toda vez que você realiza uma tarefa até concluí-la, você evita a criação de mais bagunça.

7. *Quando terminar de ler uma revista ou jornal, descarte-o imediatamente.* Leu uma receita no jornal? Coloque-a em sua caixa de receitas e recicle o resto. Viu um artigo que seu marido vai gostar? Corte-o e recicle o resto. Um cupom de desconto bom demais? Corte-o e recicle. Pilhas de revistas e jornais não servem para nada além de encher a sala.

8. *Jogue papelada de correio imediatamente nos recicláveis.* Note o fluxo natural de correspondência em casa. Colocar um recipiente de reciclagem perto do local de entrega de correio pode filtrar a maior parte desse lixo, de modo que nem chegue à sua sala. E como bônus, você verá menos anúncios e, portanto, ficará menos tentado a comprar coisas que não precisa.

9. *Lide com as roupas imediatamente.* Quanto a roupas, eu costumava ser um desses caras que as joga no chão. Agora lido com cada peça assim que as tiro. Roupas sujas no cesto da lavanderia. Roupas limpas de volta para o cabide ou gaveta. É isso.

10. *À noite, coloque os itens de volta ao seu lugar.* Diga aos seus filhos para guardarem os brinquedos no fim de cada dia. Você deve fazer o mesmo com os itens que são de sua responsabilidade. Basta fazer uma varredura pela casa, pegar os itens perdidos que você vê e guardá-los em seus lugares. Faça todas as noites sem falhar, e isso permitirá que você comece todas as manhãs em uma casa com aspecto de casa nova, limpa e livre de desordem.

Em seguida, para evitar ter mais para arrumar do que o necessário, monte uma barricada na rota mais curta entre você e o consumo excessivo: o caminho para sua loja favorita.

Dê uma Folga para Sua Carteira

Sarah Peck estava lutando para se manter financeiramente. Ela havia se formado em Arquitetura em das universidades da Ivy League, mas, morando em São Francisco com um emprego básico e aluguel alto, Sarah via pouco dinheiro sobrar no fim do mês.

E ela andava impressionada com o dinheiro que ela e os amigos gastavam para manter as aparências em uma sociedade preocupada com vestimenta.

"Quando pensei a respeito disso", Sarah me disse, "percebi que roupas de US$400, como as das capas de revistas, podem somar muito dinheiro. Se alguém usar uma peça nova todos os dias por um mês, serão US$12 mil. Você pode pensar que estou brincando, mas conheço pessoas que têm dívidas de cartão de crédito de US $20 mil a US$30 mil só de comprar roupas. As pressões relacionadas à imagem exercidas sobre as mulheres podem ser intensas".

Então, ao longo do ano, Sarah reduziu seu armário a algumas peças favoritas. Ela fez mais de vinte viagens para instituições de caridade com sacolas de roupas e sapatos pouco usados de que não precisava mais[1].

Mas não parou por aí. Ela também decidiu parar de comprar roupas novas por um ano inteiro. Não foi um experimento como os que vimos no capítulo anterior. Sarah já estava convencida de que poderia viver sem roupas novas por um ano. Essa foi sua maneira de romper completamente com os velhos hábitos de compra de roupas e estabelecer hábitos mais saudáveis e responsáveis.

Com certeza, o período sem comprar roupas mudou sua visão da vida. Isso a ajudou a consolidar o compromisso com o minimalismo.

"Ao simplesmente me recusar a comprar roupas novas", ela lembrou, "comecei a me sentir empoderada. Esta é a minha vida e eu posso vivê-la como eu desejar. Comecei a ver dinheiro sobrar no final do mês. Encontrei uma nova liberdade ao gastar o dinheiro (e meu tempo) com as coisas que realmente queria na minha vida. Eu tinha recursos para passar tempo com amigos e praticar atividades físicas — coisas que eu amo muito".

A moratória de compras de roupas de doze meses de Sarah Peck mudou completamente sua visão do que é mais importante na vida. Outras pessoas que conheço instituíram outros tipos de banições de compras para si. Por exemplo, Katy Wolk-Stanley decidiu não comprar nada novo (além de roupas íntimas e perecíveis) e até hoje vive assim, há mais de oito anos.[2] Assya Barrette passou duzentos dias sem comprar nada novo.[3] Cait Flanders passou um ano inteiro sem comprar nada além de alimentos e outros suprimentos; ela até se recusou a comprar café para viagem durante seu experimento.[4] Falando em comida, Jeff Shinabarger e a esposa uma vez passaram sete semanas sem comprar nenhum alimento (exceto leite), para ver quanto tempo aguentariam comendo apenas a comida que já tinham em casa. Isso mudou para sempre a forma como eles compram mantimentos.[5]

Enquanto falo com pessoas de todo o país, percebo que proibições de compra autoimpostas estão se tornando tão comuns que quase se tornaram tendência. Todo tipo de gente está decidindo não comprar alguns itens por um tempo para poder redefinir seus padrões de compras.

Eu encorajo você a fazer o mesmo. Encontre liberdade experimentando uma proibição de compras. Isso quebrará o ciclo de aquisições desnecessárias no curto prazo e firmará bases para uma vitória maior no longo prazo.

E então, em nosso desejo de evitar o retrocesso para o excesso e a bagunça, há outra mudança de vida que é fácil de implementar e rapidamente produz grandes benefícios. Na verdade, quase todas as pessoas que conheço que a fizeram a recomendam.

Assista a menos televisão.

Quebrando o Feitiço Hipnótico

A televisão é como um hipnotizador sinistro que encanta telespectadores para que façam o que ela quer. Com seus comerciais, ela tenta incansavelmente nos persuadir a comprar coisas que não precisamos. Com seus programas, ela glamoriza a riqueza e os estilos de vida luxuosos. Outras formas de mídia, como anúncios de internet, também nos incitam a gastar demais. Porém, ainda não há nada que se compare à televisão quando o assunto é promover o tipo de consumismo que vimos no Capítulo 4, que é tão prejudicial. Temos que desviar o olhar desses olhos hipnotizadores que trouxemos para dentro de nossas casas.

Contudo, novamente, menos não é o mesmo que nada. Então baixe a guarda. Meu argumento é que assistamos a menos televisão — não que a eliminemos completamente. Vejo que algumas TVs podem ser educativas e que o entretenimento não é necessariamente um exercício de futilidade. Ainda temos um aparelho de TV em casa, a que assistimos ocasionalmente em família. Porém eu assisto muito menos — e acho que você também deveria. Existem maneiras práticas de se fazer isso.

Pode parecer mais fácil fazer generalizações radicais como "vou parar de assistir à TV para sempre a partir de hoje". Mas para mim, no começo, era mais fácil escolher alguns programas específicos que eu poderia facilmente viver sem. Quando começamos a experimentar os benefícios de viver a vida em vez de observá-la, ficou mais fácil cortar ainda mais.

Faça hoje mesmo uma lista de programas que você poderia facilmente viver sem. Ou, melhor ainda, pense em um ou dois programas que você realmente quer assistir e limite-se a eles pelos próximos 29 dias.

Outro passo é limitar o número de televisores na casa. Antes de descobrir o minimalismo, tínhamos quatro TVs. Agora nunca terei mais de uma novamente. Quando tiramos a TV da cozinha, comecei a descobrir o quanto gostava de cozinhar. E remover a TV do nosso quarto me lembrou o quanto eu gostava de... (o resto dessa frase foi deletado por insistência da minha esposa).

Se necessário, comece sozinho na redução do tempo na frente da programação de TV. Seus familiares podem não estar prontos para reduzir o tempo que passam na frente da tela. Ou eles podem não estar se sentindo tão desafiados nessa área quanto você. Tudo bem. Faça a mudança em sua própria vida primeiro. Parafraseando Gandhi, torne-se a mudança que você deseja ver em sua família.

Confie em mim, vai ficar mais fácil com o tempo. A televisão é um hábito que se autopropaga. Ela promove seus próprios interesses ao declarar ousadamente o Melhor Novo Programa, a Rede Mais Assistida, o Episódio Imperdível ou o Jogo do Ano. Os anunciantes costumam brincar com nosso medo de ficar de fora, dizendo: "Todo mundo está assistindo!" Porém, à medida que você se compromete a assistir menos, será menos persuadido por essas alegações, pois as verá com menos frequência. Rapidamente perceberá que realmente não está perdendo muito.

Assistir a menos televisão pode ser o atalho mais rápido para uma vida imediatamente melhor.

Restabelecendo a Sanidade com os Presentes para Ocasiões Especiais

Dar presentes é uma tradição encantadora; espalha alegria e cria memórias. Aproxima as pessoas. Eu respeito o ato de dar presentes como uma linguagem amorosa e não a quero roubar dos outros. E gosto de receber presentes como todo mundo. Mas olhe só como nós passamos da conta conforme nossa sociedade se tornou mais afluente!

Pense em todos os presentes que são dados e recebidos ao longo de um ano. A média de um norte-americano nas compras de presentes de Hanukkah e Natal é de cerca de US$800.[6] Além disso, a maioria de nós recebe vários presentes de aniversário. E ainda há todas as outras ocasiões para presentear ao longo do ano, como o Dia dos Namorados, a Páscoa, o Dia das Mães, Dia dos Pais e até Dia do Chefe. E não se esqueça de ocasiões especiais, incluindo aniversários de casamento, chás de bebê, inaugurações de casa, formaturas, saída do hospital ou de cirurgias, agradecimentos, batismos e confirmações, e bar e bat mitzvahs.

Se houver a menor chance de justificar uma compra de presente, tenha certeza: em algum lugar haverá um varejista que vai promovê-la.

É o suficiente para fazer com que nós, minimalistas, levantemos as mãos e gritemos: "Parem com essa loucura!"

O que vamos fazer para evitar que os presentes que não queremos encham nossos lares agora minimizados? É complicado, porque há os sentimentos de quem nos presenteou a considerar. Mas acredito que ainda é possível estabelecer regras básicas para a quantidade e tipo de presentes aos quais damos preferências.

▶▶ *Expresse suas solicitações de presentes antes.* Embora nem sempre funcione dessa maneira, aqueles que presenteiam poderiam combinar os presentes com os desejos e o estilo de vida do destinatário. Criar listas de presentes e passá-las aos membros da família antes de feriados, aniversários e comemorações pode ser uma ferramenta útil para limitar a coleção de bagunça. Tente passar uma ampla gama de ideias de presentes de preço variado. Siga esta fórmula: peça qualidade acima da quantidade, necessidades no lugar de desejos e experiências em vez de produtos.

▶▶ *Peça doações para caridade.* Claro que as pessoas querem dar presentes e demonstrar seu amor de forma prática. Mas isso não significa necessariamente que precisam comprar algo para você levar para casa. Uma tendência é pedir doações para uma organização de caridade em vez de presentes físicos. Você pode tentar, se ainda não o fez. É ótimo saber que o dinheiro que poderia ter ido para um novo suéter que você não precisa foi para uma bolsa de estudos que mudou a vida de uma criança em outro país.

▶▶ *Seja paciente com sua família.* Se viver com menos é algo novo para você, não espere que todos na sua família entendam isso logo de cara, especialmente se acham que você passou por diferentes fases no passado. No fim, eles compreenderão que você está adotando um estilo de vida de longo prazo, e seus hábitos de presentear provavelmente mudarão.

▶▶ *Descarte sem culpa.* Pode levar algum tempo para você e sua família decidirem quais presentes somam à sua casa e quais apenas trazem bagunça. Com crianças, muitas vezes pode levar meses para se determinar quais brinquedos são moda passageira e quais serão mais amados. Dê um tempo. No entanto, quando o valor dos presentes começar a se revelar, elimine os indesejados sem se sentir culpado por isso. Não hesite em passá-los para a frente, especialmente se forem mais úteis para outra pessoa. Se quem presenteou descobrir, ele ou ela deve entender que repassar é um direito seu, já que o presente foi dado sem apego ou compromisso.

▶▶ *Haja reciprocamente ao que você demanda.* Se você espera e deseja que outras pessoas deem presentes que se alinham com seus ideais, retribua o sentimento ao dar presentes para os outros. Só por você fazer um apelo desesperado para ter experiências no lugar de produtos, não significa que seu irmão, irmã, pai ou mãe queira o mesmo. Se eles gostarem de sapatos novos, considere comprar sapatos novos. Se eles deixarem claro que desejam um vale-presente de uma loja de departamentos de aniversário, considere isso. Dar presentes é uma oportunidade de mostrar amor e apreço. Você pode defender o anticonsumismo em outro momento.

Disciplina que É Prazer

Se quisermos nos recalibrar para um nível mais baixo de acumulação e permanecer nele, precisamos substituir nossa ganância culturalmente inspirada por uma gratidão autocultivada pelo que temos.

Você não precisa ter muito para ser grato. Estive em países em desenvolvimento em todo o mundo e vi como as pessoas pobres vivem. Muitos são quase inimaginavelmente pobres pelos padrões norte-americanos. No entanto, conheci pessoas gratas e satisfeitas nas áreas mais pobres que visitei.

Certa ocasião, na cidade de San Salvador, sentei-me na casa de um cômodo de Lucilla e suas duas filhas, de 15 e 3 anos. A família toda vivia com quase nada, sobrevivendo apenas com o dinheiro gerado pela venda dos ovos das seis galinhas que habitavam seu quintal. No entanto, recebi hospitalidade e generosidade de uma das formas mais graciosas que já experimentei.

A gratidão é uma possibilidade para todos nós. É uma escolha que podemos fazer todos os dias, independentemente das nossas circunstâncias.

Sendo realista, no entanto, sei que há épocas em que a gratidão pode ser mais fácil. Quando sua casa está aquecida, quando você está comendo uma refeição deliciosa, quando o boletim do seu filho é impressionante, quando tudo está se alinhando como você planejou, é fácil agradecer. Porém, em outras ocasiões, a gratidão parece difícil de se enxergar. Quando as tempestades da vida chegam, nossa gratidão não vem tão rapidamente. No entanto, esses são dias em que mais precisamos dela, porque a força, o otimismo e a perspectiva da gratidão nos levam adiante.

Consequentemente, a gratidão é mais valiosa para nós como um hábito intencional do que como resposta espontânea. É bom que a gratidão seja uma atitude que cultivamos por meio da atenção e da disciplina. Se ela requer prática quando está tudo fácil, ainda mais prática é necessária para quando está difícil. Quanto mais treinamos, mais somos capazes de acessá-la quando precisarmos.

Você sabia que a gratidão melhora nosso bem-estar? Estudos científicos reiteradamente confirmam o que já esperamos ser verdade: pessoas gratas são pessoas mais felizes. "A gratidão ajuda as pessoas a sentirem emoções mais positivas, apreciarem boas experiências, melhorarem sua saúde, lidarem com adversidades e construírem relacionamentos fortes."[7] Além disso, aqueles que demonstram um alto nível de gratidão são muito mais propensos a níveis de materialismo abaixo da média.[8]

A gratidão é uma disciplina, não uma emoção. Trabalhe duro para desenvolver esse hábito em sua vida. Considere estes pensamentos úteis para se estimular nessa nova disciplina do coração:

- ▶▶ Procure alegrias simples e seja grato por elas.
- ▶▶ Reflita sobre as coisas boas do passado (principalmente se seu atual momento de vida estiver tempestuoso).
- ▶▶ Reserve alguns minutos do dia para registrar sua gratidão em um diário.
- ▶▶ Expresse gratidão durante os pequenos inconvenientes da vida (ao parar no sinal vermelho, esperar numa fila etc.).
- ▶▶ Se você reza, comece cada oração com palavras específicas de agradecimento a Deus.

A gratidão nos ajuda a entender melhor nosso lugar no mundo. Ela direciona nossos elogios para aqueles que o merecem. Faz com que nos concentremos nas coisas boas que temos, a despeito das circunstâncias do momento. Melhora o nosso bem-estar em quase todos os aspectos. Como resultado, ela é um caminho seguro para a satisfação.

Querer Menos

Possuir menos é ótimo. Contudo, descobri que há algo ainda melhor: querer menos. Talvez você tenha descoberto a mesma coisa.

Que grande sensação nós temos quando percebemos que o desejo por mais coisas realmente não nos controla mais! Como o Mágico de Oz, o consumismo nos diz: "Não preste atenção naquele homem atrás da cortina!" No entanto, espiamos por trás da cortina e vimos que o acúmulo material não é nem de longe o que parecia. Vivemos melhor sem ele. Ninguém pode nos convencer a voltar aos velhos hábitos. Vamos nos contentar com nada menos do que menos.

Temos novos valores e novos hábitos para seguir:

- Renove sua casa, arrumando-a todos os dias.
- Imponha sua própria proibição de compras experimental.
- Assista a menos televisão.
- Tenha mais intencionalidade ao presentear.
- Pratique a gratidão como uma disciplina.

Essas são cinco maneiras fáceis de estabelecer novos hábitos úteis, que vão eliminar os antigos maus hábitos que o deixavam sobrecarregado. Aconselho você a experimentar as cinco — e quaisquer outros hábitos que possa imaginar e que farão do minimalismo não apenas um experimento, mas um estilo de vida para você.

Se mora com sua família, há outra necessidade para que você enraíze o minimalismo permanentemente: você precisa descobrir como trazê-los com você na jornada para ter menos e amá-la. Estou prestes a lhe mostrar como fazer isso.

10
A Família Minimalista

Quando falo sobre minimalismo na frente de um grupo, adoro responder a perguntas de pessoas que estão começando a se familiarizar com o tópico ou acabaram de se converter a esse modo de vida. Eu me acostumei tanto que sei que tipos de perguntas esperar. Algumas das questões mais sensíveis que recebo são sobre familiares. Geralmente são mais ou menos assim:

- "Joshua, você me convenceu sobre o minimalismo, mas minha esposa [ou marido] nunca vai concordar em se livrar de muitas das nossas coisas. É quase inviável tentar ser minimalista por conta própria. Como vou convencer meu cônjuge?"

- "Temos crianças pequenas em casa. Eles nem vão entender o que *minimalismo* significa. Só sabem que gostam de ter uma tonelada de brinquedos novos o tempo todo. Posso até ouvi-los gritar se eu tirar as coisas deles. Você pode ajudar?"

- "Minha filha vai completar 17 anos. Ela adora roupas e tem as mesmas coisas que todos os outros adolescentes. Não seria cruel tentar torná-la diferente do resto dos alunos do ensino médio? Além disso, não é tarde demais para começar o minimalismo com ela, já que ela vai sair de casa em breve de qualquer maneira?

Alguma dessas preocupações soa familiar para você?

Se você tem uma família, sei como você urgentemente quer que eles concordem com o minimalismo para que possam trabalhar juntos em direção a um estilo de vida mais simples. E mesmo que você esteja apenas *esperando* ter uma família em algum momento, este capítulo será útil para você.

Meu encorajamento está fundamentado em anos de trabalho com famílias como a sua, e é o seguinte: você *pode* levar sua família a aderir a um estilo de vida minimalista. Seus familiares não só podem concordar com a meta de viverem com menos, mas também podem ficar animados com as mudanças que estão por vir. Pode levar algum tempo, mas chegar lá é um processo de educá-los, conversar com eles e dar passos práticos à medida que avançam juntos no caminho minimalista. Neste capítulo, mostrarei como fazê-lo, sejam suas maiores preocupações a cerca do minimalismo com seu cônjuge, com seu filho ou filha mais jovem ou com o(a) mais velho(a).

E ao longo de tudo isso, talvez você não tenha pensado na minha perspectiva: *compartilhar o minimalismo com sua família é um ato de amor!*

Assim como você acha o minimalismo libertador e estimulante, o mesmo acontecerá com seu cônjuge e filhos. Eles também podem ficar menos estressados, mais contentes e mais bem posicionados para perseguir seus sonhos. Não é isso que quer para eles? Compartilhar o minimalismo é uma das melhores coisas que você pode fazer por eles.

Não se deixe intimidar pelos desafios. Deixe o amor por sua família motivá-lo. Comece agora a ajudar sua família a receber um presente na forma de um modo de vida mais simples e gratificante.

Parceiros em Ter Menos

As pessoas que escolhem o minimalismo como estilo de vida podem ter que enfrentar muitos céticos. Podem ser os amigos, colegas ou pais. Porém o que você faz quando o maior cético é a pessoa que geralmente mais o apoia? O que acontece depois, se seu parceiro não apoia o novo você? O fato de vocês morarem juntos só complica a questão. Afinal, vocês compartilham o espaço de vida — e também suas coisas.

Primeiro, fale. Explique o que é o minimalismo e por que ele o atrai. Compartilhe este livro com seu/sua parceiro(a). Descreva sua visão de como o minimalismo pode ser bom para vocês. Deixe claro que você está encorajando o minimalismo, não como um ataque ou crítica ao outro, mas porque você o ama e acha que o minimalismo também será bom para ele ou ela. Em seguida, ouça o que o outro tem a dizer.

Tenha cuidado com quando e como você inicia essa conversa. Muitas vezes, nossas conversas sobre bagunça surgem da frustração, então elas se manifestam como ataques à outra pessoa. Se você estiver irritado por um armário estar muito cheio ou uma gaveta que não está fechando, não é o momento certo. Em vez disso, encontre um momento de silêncio quando estiver tomando café ou jantando para compartilhar o que aprendeu e como acha que isso beneficiaria sua casa. Concentre-se sempre nos benefícios e nas mudanças positivas que podem advir disso.

E lembre-se: a conversa sobre minimalismo não é realmente uma conversa. Quase sempre são muitas conversas. Portanto, mesmo que seu parceiro(a) pareça resistente, continue falando sobre o assunto de maneira calma e racional. Depois de esclarecer alguns mal-entendidos e resolver algumas diferenças, você pode descobrir que seu parceiro começou a captar a visão.

Enquanto isso, resista à tentação de remover os pertences do seu parceiro sem permissão. Comece com suas próprias coisas e minimize o máximo que puder sem pisar em território compartilhado. Você pode se surpreender com a quantidade de bagunça que pode remover de casa apenas se livrando de suas próprias coisas.

Suas ações para simplificar posses não são uma solução alternativa para tentar iniciar o minimalismo como um desafio ao outro. São outra maneira de apresentar os benefícios do minimalismo. As ações falam mais alto que as palavras, então faça com que os benefícios de sua vida livre de desordem sejam convincentes. Um lado limpo e organizado do seu guarda-roupa compartilhado será mais convincente do que uma explicação do princípio 80/20. Uma escrivaninha ou mesa de cabeceira livre de bagunça estressante começará a parecer atraente para seu parceiro na primeira vez que ele ou ela perder algo importante.

A modelagem é uma ferramenta importante. Não a ignore. Muitas vezes, pensamos que não está tendo efeito positivo e que seria melhor apenas impor nossa vontade. Entretanto, seja paciente e continue fazendo o que puder por conta própria para viver com menos. Pode ter resultado. Uma mulher uma vez compartilhou comigo que foram necessários *cinco anos* de modelagem minimalista antes que o marido começasse a perceber os benefícios. Você não pode apressar a modelagem; você só pode fazê-la, consistentemente, dia após dia.

Com o passar do tempo, você encontrará um terreno comum para dar passos em direção ao minimalismo. Provavelmente deve haver alguma área comumente usada em sua casa que vocês vão concordar que precisa ser organizada. Esteja você pensando numa gaveta de lixo, num armário de roupas, nos balcões da cozinha ou na garagem, até o pior dos acumuladores pode chegar à conclusão de que algo pode ser limpo (não importa se o local for pequeno). Pergunte ao seu parceiro(a) sobre áreas específicas que você gostaria de organizar em casa. Por exemplo, diga: "Podemos concordar que há muitas coisas nesta gaveta do banheiro, não?" Comece por aí e você pode se surpreender com o apoio que ele ou ela pode lhe dar quando você especificar o que gostaria de fazer.

Se você achar que seu parceiro está demorando para progredir em direção ao minimalismo, enquanto você anseia pelo espaço e pela liberdade de possuir menos, tente encontrar um quarto (ou mesmo um canto de um quarto) para adotar como seu santuário minimalista. Essa pode ser uma área totalmente livre de bagunça, ruído e distração. Passar um tempo nesse espaço vai o acalmar e recarregar suas forças, para que você seja o melhor parceiro e pai ou mãe possível. Proteja esse espaço. E aproveite ao máximo enquanto espera que seu parceiro se junte a você nessa jornada.

A Batalha das Formas de Gelatina

Quando minha esposa e eu decidimos nos tornar minimalistas, concordamos em seguir esse novo estilo de vida juntos. Porém isso não significa que tudo aconteceu tranquilamente. Tivemos muitos desentendimentos ao longo do caminho, sobre quantas coisas eliminar, quantas manter e como nossos hábitos de compra deveriam mudar.

Desde o início, enquanto eu desejava me livrar de 80% de nossas coisas, minha esposa queria se livrar de 60%. Isso significou que as primeiras ondas de minimização correram bem, mas no fim, enquanto eu queria continuar reduzindo, minha esposa começou a recuar.

Aprendi uma lição memorável sobre nossas diferenças em 22 de agosto, apenas quatro meses depois do início nossa jornada. Lembro-me da data exata porque era aniversário do nosso filho e havíamos planejado uma festa com tema esportivo para ele. Na semana anterior, sem o conhecimento de minha esposa, tomei a liberdade de limpar uma gaveta da cozinha. Ao fazer isso, joguei fora os moldes de gelatina com temas esportivos que ela planejava usar para a festa. A altura do grito que ela soltou da cozinha mostrou inconfundivelmente sua decepção.

O conhecimento que aprendi naquela manhã sobre minimizar com a família é algo que guardo no meu coração desde então: é mais fácil ver a bagunça dos outros do que ver a nossa. Forçar o minimalismo neles removendo algo sem permissão nunca é uma boa ideia. É mais sensato focar minimizar nossas próprias coisas antes de nos aventurar nas coisas de outras pessoas ou até mesmo nos pertences da família (também aprendi que crianças de 5 anos ficam tão satisfeitas com gelatina em forma de campo de futebol quanto com outras formas com temas esportivos, embora minha esposa possa contestar isso).

Raramente um casal concorda em 100% dos assuntos, então um compromisso humilde é a base de relacionamentos saudáveis. O minimalismo não é diferente. Até hoje, minha esposa e eu ainda discordamos em coisas relacionadas ao tema. Nossas duas áreas mais comuns de conflito geralmente são roupas e as coisas das crianças. Contudo, aprendemos a trabalhar juntos nas áreas em que concordamos, para manter nossa casa organizada. Você e seu parceiro podem fazer o mesmo.

Se você tem filhos, um dos passos mais importantes para dar a seguir é chegar a um acordo sobre como introduzir o minimalismo na vida deles. Assim como em outras áreas da paternidade e maternidade, é importante apresentar uma frente unificada ao persuadir seus filhos a se tornarem parte da minimização do estilo de vida familiar. Portanto, isso deve fazer parte da conversa com seu cônjuge.

Quero falar sobre minimalismo com crianças mais novas antes de abordar as questões especiais de adolescentes. Porém, para ambas as faixas etárias, há algo que você sempre deve ter em mente.

Vivencie, antes de exigir o mesmo.

Se você quer que seus filhos comprem menos coisas, então compre menos. Se quer que eles doem seus pertences desnecessários, faça o mesmo — primeiro.

Por que seu filho deveria abrir mão de um brinquedo, se você está comprando um barco que vai levar ao lago apenas duas vezes por ano?

Por que seu filho deveria separar roupas que não servem mais para doar, se seu próprio armário está lotado?

Com o cônjuge ao seu lado trabalhando em direção ao minimalismo, vocês dois juntos podem apresentar esse estilo de vida como uma meta crível e alcançável para os filhos, sem inspirar ressentimentos.

Miniminimalistas

Quando Kim e eu começamos a reduzir nossas vidas, nossos filhos tinham 5 e 2 anos. Hoje eles têm 13 e 10. Eu os vi crescer e amadurecer em uma casa com menos coisas do que a maioria de seus amigos da vizinhança. Eles estão confortáveis com nosso estilo de vida familiar e estão florescendo. Não se sentem privados de forma alguma. Pelo contrário, suas vidas são ricas, pois estão a caminho de se tornarem jovens adultos com imaginação, ambição e originalidade.

Kim e eu cometemos alguns erros (como todos os pais fazem), mas também aprendemos algumas lições importantes ao longo do caminho. De longe, a lição mais importante é a seguinte: pode ser mais difícil se tornar minimalista com crianças, mas também é mais importante. As crianças que não aprendem a estabelecer limites para si mesmas muitas vezes se tornam adultos que não estabelecem limites para si mesmos.

Mas como, em um sentido prático, ajudamos nossos filhos a navegar por esse processo?

É diferente para crianças mais novas e crianças mais velhas. Com ambas as faixas etárias, você precisa educá-los um pouco, assim como fez ao negociar o minimalismo com um cônjuge que é novo no assunto. A partir desse ponto, você pode ser mais diretivo com as crianças mais novas e mais persuasivo com adolescentes.

Seus filhos pequenos provavelmente nunca ouviram falar de minimalismo, muito menos pensaram sobre isso. Então comece descrevendo o minimalismo em termos simples. Explique por que você e seu cônjuge optaram por adotar um estilo de vida reduzido, e os benefícios que você espera que a família tenha. As crianças são muitas vezes bem mais inteligentes do que acreditamos. Seus filhos logo perceberão que você não os está punindo; você está fazendo isso porque os ama.

Ouça as perguntas e preocupações de seus filhos e, em seguida, forneça respostas da melhor maneira possível. Assegure-lhes que sua decisão não significa que você não vai mais comprar nada. Significa apenas que vai pensar com mais cuidado sobre suas compras no futuro. Além disso, você encontrará maneiras de se livrar de coisas que as crianças não precisam mais.

Quando seus filhos entenderem o objetivo e estiverem ao menos parcialmente dispostos a seguir nessa jornada, trabalhe com eles para identificar os itens que possuem e que seriam mais fáceis de eliminar. Por exemplo, você pode começar removendo as roupas que eles não usam mais, os brinquedos com os quais não brincam, os livros que não leem mais e os materiais de papelaria que não usam. Eles descobrirão que podem viver sem esses excedentes muito bem.

Como resultado, eles podem começar a se perguntar: *De quais dessas outras coisas eu realmente preciso?* Você pode se surpreender com a rapidez com que seus filhos mais novos adotam a nova abordagem e quão criativos e assertivos eles podem ser na redução de pertences. Logo você poderá ter pequenos minimalistas sob seus cuidados.

Para capacitar seus filhos no processo de minimizar e incentivar um ambiente mais livre de desordem no futuro, estabeleça limites — diretrizes claras sobre o que é bom comprar ou manter e o que não é. Por exemplo, concordamos com nossa filha que ela pode guardar quantos brinquedos quiser, desde que caibam em seu armário. Ela também pode manter os projetos de arte que couberem na caixa de plástico transparente embaixo da cama. Quando suas coisas começarem a ultrapassar os limites (como inevitavelmente fazem), permitiremos que ela tome as decisões sobre o que manter e o que remover. Em nossa casa, essas conversas acontecem cerca de duas vezes por ano.

Limites são coisas poderosas para todos nós, mas são especialmente poderosas para crianças pequenas, que tendem a pensar em termos concretos. Os limites os ajudarão a reconhecer a natureza finita do dinheiro, do espaço e do tempo. Os limites os ajudarão a saber o que fazer e o que esperar. Como pai, use os limites a seu favor e elogie seus filhos sempre que eles aprenderem a implementá-los de maneira eficaz.

Uma maneira de celebrar o progresso em ficar dentro dos limites é recompensar seus filhos com experiências divertidas. Se você já está minimizando (e deveria — lembre-se da importância de proporcionar o exemplo), então deve ter economias e tempo extras. Use-os para criar experiências familiares divertidas. Faça uma viagem à praia, curta um dia em um parque de diversões ou faça um passeio de fim de semana a uma cidade próxima. Você não precisa gastar em uma viagem todas as economias que acabou de gerar, especialmente se estiver tentando se livrar de dívidas, mas criar uma experiência que destaque os benefícios do minimalismo pode ajudar muito seus filhos a entender sua decisão e firmar a participação deles.

O Problema de Fazer de Sua Casa uma Loja de Brinquedos

"Eu simplesmente não sei o que fazer, Joshua. Ela nunca está feliz." Essa declaração do meu amigo Santiago chamou minha atenção, e eu me estiquei na cadeira.

Santiago é alguns anos mais velho do que eu e, financeiramente falando, mais bem-sucedido em todos os sentidos: tem mais renda, mais carros, uma casa maior e mais brinquedos. Estávamos curtindo uma refeição maravilhosa num restaurante no centro da cidade e conversando sobre casamento e paternidade. A certa altura, a conversa se voltou para a filha dele, que está no ensino fundamental.

Meu amigo expressava frustração. "Não entendo. Ela tem uma gaveta cheia de videogames, um quarto cheio de bonecas e um cômodo inteiro em nossa casa totalmente dedicado a brinquedos. Mas ela nunca parece feliz. Ela me diz constantemente que está entediada."

Seu foco começou a mudar. Como costuma acontecer quando tratamos de paternidade, ele começou a pensar em sua própria infância.

"Quando eu era jovem", disse ele, "minha família não tinha nada. Joshua, nós éramos muito pobres. Eu só tinha três brinquedos para brincar e os dividia com meus três irmãos. Mas nos contentávamos com o que tínhamos — e nos divertíamos muito. Não me lembro de ter pedido aos meus pais para me comprar nada".

Eu estava com a minha resposta pronta. Havia passado anos pensando sobre o assunto e havia acabado de escrever meu livro *Clutterfree with Kids* (Sem tradução até o momento).

"Talvez sua filha esteja descontente porque tem brinquedos demais", eu disse a Santiago. "Pense nisso desta maneira. Quando era jovem, você só tinha três brinquedos. Mas o mais importante era que você sabia que aquilo não mudaria. Você tinha três, e ponto final. Foi forçado a se contentar com o que tinha e encontrar felicidade naquilo. Essa foi sua única escolha."

Meu amigo balançava a cabeça, concordando; estava atento.

Continuei: "Sua filha, por outro lado, está em uma situação completamente diferente. Sempre que ela quer algo novo, seja algo que ela viu num comercial ou algo que uma amiga tem, ela simplesmente pede e consegue. Você permite que ela siga procurando a felicidade no próximo brinquedo, no próximo jogo, na próxima compra. Você praticamente incentiva isso. Talvez, se ela fosse forçada a encontrar alegria nos brinquedos que já tem, ela pudesse encontrar. Mas, por enquanto, ela vive com a impressão de que o próximo brinquedo vai trazer essa alegria."

Meu amigo ficou ainda mais triste porque ele sabia que o que eu estava dizendo era verdade. Suas próprias decisões estavam contribuindo muito para a relação prejudicial que a filha havia criado com as posses.

Este é um lembrete que todos nós, pais, precisamos: nossos filhos precisam de limites! Se não dermos a eles uma noção de quanto é demais, eles continuarão querendo mais. E se os deixarmos crescer sem considerar as desvantagens da superacumulação, podemos acabar condenando-os a repetir os erros de excesso tão comuns em nosso mundo hoje.

Você não quer poupar seus filhos da escravidão que vem com coisas demais? Comece a ensiná-los cedo que menos é mais — e que é mais divertido! É uma das melhores maneiras de mostrar a eles seu amor.

ANTES QUE O NINHO ESVAZIE

Na minha experiência, muitas vezes é relativamente fácil levar as crianças mais novas para o caminho do minimalismo. Não posso dizer o mesmo sobre adolescentes. Eles são mais propensos a resistir. No entanto, ajudá-los a estabelecer hábitos de vida mais simples é uma meta crucial para os poucos anos restantes em que você ainda os terá em casa.

Trabalhei com adolescentes em igrejas no Nebraska, em Wisconsin, Vermont e Arizona, e os conheço bem. Entendo as razões pelas quais eles podem resistir à mensagem minimalista. Adolescentes buscam aceitação por meio de conformidade com os colegas. Os anunciantes visam intencionalmente o público jovem adulto, na esperança de influenciar seus hábitos de consumo por toda a vida. E adolescentes estão começando a exercer a própria tomada de decisão de forma mais firme. São menos propensos a valorizar interferência de adultos, especialmente dos pais.

Se você é pai de adolescentes, sabe que os desafios são formidáveis. Porém você também deve reconhecer os benefícios de fazer a mensagem do minimalismo chegar até eles. Muitas das decisões mais importantes das vidas deles ainda estão por vir. Como não começaram a usar crédito, eles ainda não são escravos dos credores (espero que as coisas continuem assim!). Embora seus hábitos de consumo estejam sendo moldados por vários fatores externos, eles ainda não estão totalmente determinados.

Não muito tempo atrás, reuni um grupo de pais, mentores e líderes comunitários que respeito para compartilhar conhecimento sobre como criar adolescentes minimalistas em uma era de excessos. Eu sabia que a sabedoria coletiva seria incrivelmente valiosa. Aqui estão alguns de seus pensamentos:

▶▶ *Encoraje o idealismo.* Muitos adolescentes desejam encontrar uma causa que possa mudar o mundo. Porém, com frequência, os adultos não entendem e até desencorajam o idealismo adolescente. Devemos incentivá-lo! Ao descrever as possibilidades trazidas pelo minimalismo, podemos ajudar nossos filhos mais velhos a sonhar maior do que simplesmente aspirar a ter o celular mais recente, carros legais e uma casa grande.

▶▶ *Demande que paguem eles mesmos pelos itens caros.* Todos os pais devem fornecer comida, roupas, casa e outras necessidades básicas. E, dentro do razoável, todos os pais deveriam dar presentes aos filhos. No entanto, pedir a eles que comprem itens caros com o próprio dinheiro criará neles um senso de propriedade mais forte e melhor compreensão da relação entre trabalho e satisfação.

▶▶ *Encoraje os adolescentes a reconhecer as mensagens escondidas nas propagandas.* Os anúncios não estão diminuindo e nunca poderemos evitá-los completamente. Ajude seu filho a ler as entrelinhas das mensagens de marketing, perguntando: "O que eles estão realmente tentando vender para você com este anúncio? Você acha que esse produto vai cumprir sua promessa?"

▶▶ *Encontre aliados.* Quando seus filhos atingem a adolescência, seu papel como pai muda significativamente. Na maioria das famílias, adolescentes começam a expressar independência nos relacionamentos com os pais. Contudo, isso não significa que eles nunca ouvirão um adulto. Encontre alguém em sua comunidade (talvez um treinador, um mentor ou um líder na igreja) que apoie seus valores e, em seguida, ofereça oportunidades para que ele fale sobre a vida com seu adolescente.

▶▶ *Desencoraje o direito sem merecimento.* Muitas vezes, como pais, trabalhamos duro para garantir uma vantagem significativa para nossos filhos, provendo-os a todo custo. Mas, ao fazê-lo, corremos igualmente o risco de não prepará-los para a vida, negligenciando ensinar a eles as verdades da responsabilidade. É um trabalho árduo manter nossas posses — gramados precisam ser aparados, carros limpos e mantidos, roupas lavadas, quartos arrumados. Exponha os adolescentes a essa verdade com frequência (dica: use tarefas de casa).

▶▶ *Viaje a países em desenvolvimento.* Já levei muitos adolescentes em viagens para áreas pobres do mundo, e todos foram impactados pela disparidade entre o que temos e o que os outros possuem. Além disso, os adolescentes quase sempre ficam impressionados com a felicidade das outras pessoas, apesar de terem tão pouco. Se você abrir os olhos de seu filho adolescente para as condições de vida no Terceiro Mundo, a ênfase do Primeiro Mundo ao consumismo começará a parecer tola e equivocada. Se você conhece alguma organização local ou grupo de igreja que empreenda esse tipo de viagem, considere estimular o interesse de seu adolescente por isso.

▶▶ *Ensine a eles que o que importa mais não é o que eles têm, mas o que são.* Um caráter nobre é um bem muito mais valioso do que posses materiais. Acredite nessa verdade. Viva as implicações disso você mesmo. E lembre os adolescentes em sua vida disso sempre que surgir uma oportunidade de aprendizado.

Ao fazer tudo isso, seja paciente e persistente com seus filhos adolescentes. Quanto mais velhos eles forem, mais difícil será a transição para o minimalismo. Afinal, levei trinta anos para finalmente adotar o estilo de vida de viver com menos. Seria tolice presumir que os adolescentes o adotarão em trinta minutos — ou mesmo trinta dias. Porém, com o tempo, poderá ver seus filhos mais velhos aprenderem a amar os potenciais libertadores do minimalismo como os mais novos. No mínimo, eles terão seu exemplo e lições para recorrer no futuro, quando mais precisarem deles.

Estudante Minimalista

Jessica Dang era uma garota de 15 anos que morava na Inglaterra com os pais quando começou a ler livros sobre budismo que descreviam os princípios do minimalismo. "Fui fisgada imediatamente", ela me disse. "Aquilo me atraiu porque fazia muito sentido. Todo mundo quer ser feliz, e você não precisa de bens materiais para ser feliz, mesmo que a maioria das pessoas pense que precisa."

Enquanto Jessica estava desenvolvendo uma atração pelo minimalismo, no entanto, seus pais estavam ganhando mais dinheiro do que nunca — e gastando mais também. Jessica lembrou: "Compramos uma casa maior, mais roupas, um carro novo, aparelhos brilhantes e tudo mais que as pessoas costumam adquirir à medida que ganham dinheiro. Não chegou a proporções ridículas, mas muitas das coisas em que gastamos dinheiro acabaram ficando pela casa, acumulando poeira. Um arrependimento particular que tenho é ajudar meu pai a comprar um enorme aparelho de ginástica, que acabamos nunca usando! A casa foi ficando cada vez mais cheia, e, como os cômodos pareciam cada vez menores, estar cercada por tudo isso me deixava ansiosa."

Perguntei a Jessica como seus amigos adolescentes reagiram ao seu minimalismo.

Ela disse: "Às vezes sentia que meus amigos e eu estávamos vivendo em dois mundos diferentes. Eles se preocupavam com coisas, como a última roupa da moda, para as quais eu pouco ligava. No começo, tentei dizer que eles deveriam relaxar um pouco e não se importar com essas coisas materiais, e que havia coisas mais importantes na vida. Porém entrava por um lado e saía por outro; no final, aprendi a ficar quieta sobre o assunto. Eu estava falando com o público errado."

Então, Jessica começou um blog chamado Minimal Student ("Estudante Minimalista", em tradução livre), onde escrevia sobre seus pensamentos e experimentos com o minimalismo.[1] Ela encontrou uma comunidade online de outros jovens que acreditavam nas mesmas coisas que ela.

Quando chegou a hora da faculdade, Jessica colocou tudo o que precisava no porta-malas do carro e se mudou para outra cidade. Ela adorava ser livre para viver com simplicidade e descobriu que era verdade que realmente não precisava de muito para sobreviver.

Depois de apenas um ano de faculdade, ela reduziu seus pertences a uma única mala e mudou-se para o Japão por um ano. "Foi o ano mais incrível da minha vida", disse ela. "Eu fiz, vi e provei muitas coisas novas e empolgantes, e não carregava nem meu próprio peso em bagagem. Não precisava! Depois daquele ano, minha vida nunca mais foi a mesma. Quando voltei para a Inglaterra para terminar meus estudos, arrumei minha própria casa novamente e fui morar com meus poucos pertences. Foram os anos mais felizes da minha vida."

Você pode imaginar Jessica se tornando uma grande gastadora e superacumuladora? Eu não. Ela encontrou uma maneira melhor de viver e isso vai permanecer para o resto da vida. E o minimalismo se enraizou dentro dela quando era apenas uma adolescente.

Mantendo um Relacionamento Número Um

Famílias em todos os lugares buscam felicidade na forma de riquezas e posses há tempo demais. É hora de criarmos uma geração que opte por procurar uma vida boa em outro lugar. E vou assegurar novamente para você: o minimalismo em família é completamente alcançável. Minha própria família e muitas outras que conheci são a prova disso.

Aprenda sobre o minimalismo. Fale sobre isso. Modele-o. Defina limites para estabelecê-lo. Colha os benefícios.

Tenham menos, você e sua família — você vai adorar!

E agora, antes de concluir este capítulo, devo colocar as coisas em perspectiva com um lembrete sobre algo que espero que já entenda: os relacionamentos com seu cônjuge e filhos importam muito mais do que onde você está no caminho para o minimalismo.

Ouvi falar de pessoas que deram passos em direção ao minimalismo, mas no processo ficaram tão frustradas com os cônjuges ou filhos que permitiram que brigas e ressentimentos se instalassem. A busca unilateral pelo minimalismo gerou rupturas em família.

Uma vez recebi um e-mail que me horrorizou.

> Joshua, gostaria do seu conselho sobre uma coisa. Sinto que estou literalmente sufocada com todas as coisas que possuímos. Meu marido não me ouve nem mesmo considera abrir mão de nada. Você acha que eu deveria me divorciar?

Escrevi de volta o mais rápido que pude. Em parte, disse assim:

> Entendo que você esteja se sentindo sufocada, mas eu definitivamente NÃO aconselho você a se divorciar. O minimalismo deve aproximar as pessoas, não criar barreiras entre elas.

Que erro aquela mulher estava prestes a cometer!

Recuse-se a cometer um erro semelhante. Não deixe que problemas relacionados a posses separem sua família, legalmente ou emocionalmente.

Lembre-se: você escolheu o minimalismo por um motivo. Muito provavelmente, pelo menos em parte, você o escolheu porque valoriza mais os relacionamentos do que as posses. Se for este o caso, seria tolice permitir que o próprio minimalismo ficasse entre você e seus entes queridos. Seus relacionamentos preciosos são muito importantes.

Perceba que você não pode mudar outra pessoa. Só pode educar, encorajar e ajudar, conforme lhe permitirem. Você pode não estar totalmente satisfeito com a resposta dos membros de sua família ao minimalismo. Se for esse o caso, diga a si mesmo que o semiminimalismo é melhor do que nada. E se prometeu compromisso ao seu parceiro até que a morte os separe, permaneça fiel à sua palavra.

Uma das maiores marcas do amor é a paciência. Quando sentir a frustração crescer e estiver a ponto de atacar um dos membros de sua família com raiva, respire fundo. Lembre-se de que você também não é perfeito. Em sua mente, comece uma lista de todas as coisas boas que aprecia em seu cônjuge e filhos. De novo, você não pode mudar outra pessoa; você apenas pode alterar sua próxima interação.

Agora, é possível que a recusa de um membro da família em minimizar suas posses possa ser sintomática de questões mais profundas. Feridas profundas no coração podem estar fazendo com que seu parceiro ou filho seja um acumulador. O comportamento dessa pessoa pode até ser um sintoma de transtorno obsessivo-compulsivo ou outra doença. Nesse caso, a abordagem correta é ir devagar e encontrar o apoio e ajuda que seu familiar precisa. Algumas vezes, isso significa ajuda profissional.

De todas as formas, faça o possível para espalhar a mensagem minimalista em sua família. Não há nada como saber que seus entes queridos estão ao seu lado, buscando mudanças que significam muito para vocês. Mas, aconteça o que acontecer, mantenha suas prioridades.

Não ame coisas (ou mesmo a ausência de coisas). Ame pessoas. Especialmente aquelas mais próximas de você.

E agora que aprendemos os passos para minimizar, incluindo trazer nossas famílias conosco, é hora de focar questões maiores — as recompensas do minimalismo. Lembre-se: nossas posses excessivas não nos fazem felizes, mas não é só isso. Elas nos afastam das coisas que o fazem. Uma vez que deixamos de lado as coisas que não importam, somos livres para buscar todas as coisas que realmente importam.

Em seguida, vamos analisar como nos tornar pessoas mais generosas (Capítulo 11), viver vidas com intenção em todos os aspectos (Capítulo 12) e sonhar grandes sonhos para nossas vidas (Capítulo 13).

11
Atalho para a Importância

Um dia, eu e minha família fomos fazer compras. Saímos da loja e nos deparamos com um grande risco na lateral de nossa minivan marrom; outro carro a havia arranhado. Imediatamente senti um aperto na boca do estômago. Uma marca tão feia e tão óbvia para qualquer um que olhasse para a lateral da nossa van!

Pior do que o arranhão em si era o fato de o motorista que o havia feito ter saído do local sem deixar seu contato para que pudéssemos acessar o seguro dele para o conserto. Isso significava que, para pintar o risco, teríamos que pagar nós mesmos. E provavelmente, dada a idade do carro, o arranhão ficaria ali, estragando o visual.

Minha esposa e eu fomos embora em silêncio, furiosos.

Comecei a refletir sobre como o incidente havia me afetado. Por que eu estava tão irritado com um arranhão em nossa minivan?

Decidi que era porque nosso veículo era um grande investimento para nós. Havia nos custado um dinheiro suado, e gastávamos muito tempo e energia cuidando dele. Se um risco semelhante fosse feito na minha bicicleta, não teria ficado tão preocupado. Porém, como o carro representava um grande investimento financeiro para nós (o segundo maior, depois da nossa casa), eu também tinha muitos sentimentos investidos ali.

E então me lembrei de algo que Jesus disse: "Onde estiver o seu tesouro, aí estará também o seu coração."[1] Observe a ordem do fraseado: nossos corações seguem nosso tesouro, e não o contrário.

Infelizmente, muitas pessoas amarram seus corações às coisas erradas. Estamos dedicando nossas vidas a bens materiais que nunca trarão alegria duradoura. Compramos casas maiores, carros mais rápidos, roupas mais na moda e tecnologia mais recente, e enfiamos cada vez mais coisas em nossos armários já lotados. Depois, nossa bagunça exige que gastemos cada vez mais tempo e energia para cuidarmos dela.

No entanto, a realização duradoura nunca pode ser encontrada em coisas que são temporais por natureza. E nosso descontentamento se evidencia em nosso excesso.

É importante que cada um de nós olhe para fora de si — para encontrar investimentos que unam nosso coração a coisas que tragam alegria real, propósitos atemporais e realização duradoura. Estou falando da nossa família, dos nossos amigos, de nossa espiritualidade e das causas em que acreditamos. É a isso que devemos dedicar mais tempo, energia e recursos financeiros.

Viver com menos permite que sejamos mais generosos. Na verdade, por vezes tenho visto que o minimalismo pode ser o atalho mais rápido para uma vida de importância maior e mais duradoura. Muitas pessoas podem querer ser mais generosas, mas, até que se libertem do fardo de gastar muito dinheiro e acumular muitas posses, não serão capazes de fazê-lo. Há riqueza em transformar o nosso excesso no suprimento de outra pessoa. E quanto mais cedo damos aos outros, mais cedo descobrimos o grande potencial que nossas vidas podem conter.

A generosidade, então, não é apenas um resultado do minimalismo. Também pode ser uma motivação para ele.

Você não gostaria de fazer diferença para melhor na vida de outras pessoas à sua volta e ao redor do mundo? Neste capítulo, digo: doe suas coisas desnecessárias, seu dinheiro extra ou seu tempo disponível. Os benefícios para você e para aqueles a quem você doa serão incríveis.

O Cara das Vendas de Garagem

Quando Kim e eu começamos a minimizar, nos deparamos com a questão do que fazer com todas as coisas que estávamos eliminando. Nosso objetivo a princípio era obter o máximo de retorno financeiro das coisas que estávamos descartando. Eu pensava: *Paguei um bom dinheiro para comprar essas coisas; eu deveria receber algo em troca.*

Com esse objetivo em mente, tentamos diferentes estratégias. Publicamos objetos para vender na Craigslist; levamos roupas para uma loja de consignação; abrimos conta no eBay (a certa altura, coloquei a minha gaveta de tralhas em leilão; surpreendentemente, sem lances!).

E é claro que fizemos uma venda de garagem.

Decidimos fazer nossa venda em um sábado de manhã, apenas algumas semanas depois de termos sido apresentados ao minimalismo. Acordamos cedo, corremos para tomar café da manhã e começamos a trabalhar. Montamos as mesas e colocamos louças, roupas, brinquedos, enfeites, livros, CDs e DVDs (só para citar alguns dos itens) de forma que os compradores pudessem facilmente navegar pela seleção. Colocamos uma etiqueta de preço escrito à mão em cada um.

Quando tudo estava pronto, penduramos balões próximo à rua. Rezamos para que não chovesse. Ligamos uma música suave, como fazem nas lojas de departamento. E então abrimos as portas para nossa grande venda de garagem.

Enquanto aguardávamos os clientes, minha esposa e eu conversávamos sobre o que faríamos com a grande soma que esperávamos conseguir. Colocar na poupança? Fazer uma viagem em família? Talvez encomendar um tapete novo para a sala de estar? As possibilidades pareciam ser infinitas... Até que a realidade se instalou.

Enquanto eu permanecia sentado em uma cadeira de plástico verde, clientes lentamente vinham e iam. Eles pegavam itens, observavam de um lado e de outro e depois os colocavam de volta. Kim e eu conversamos e fizemos contato visual com o maior número possível de clientes, na esperança de tornar a experiência de compra agradável. Algumas pessoas ficaram interessadas por alguns itens, mas muitas vezes, para fazer uma venda, tínhamos que negociar um preço menor.

Conforme o sol foi descendo no céu e a tarde chegava, baixamos alguns preços. Trabalhamos todos os ângulos para obter mais vendas. A certa altura, até fingi ser um cliente na minha própria garagem, para que os motoristas que passassem dessem uma chance à nossa venda.

No final do dia, tínhamos ganhado US$135. Foi desanimador. Embolsamos muito menos dinheiro do que esperávamos originalmente. Também ficamos deprimidos. Vou lhe dizer, existem poucas experiências na vida que fazem você questionar mais seu gosto por mobília do que assistir a alguns dos seus móveis e enfeites não serem vendidos, apesar de estarem com etiquetas de 25 centavos.

Naquela noite, cansados demais para cozinhar, gastamos metade do lucro do dia levando nossa família para jantar. Que jogada financeira foi a venda de garagem!

Como resultado da minha experiência naquele dia de verão, e também experiências semelhantes que vi se repetirem muitas vezes, tenho um conselho para você: se você está se livrando de coisas para simplificar seu estilo de vida, nem tente vendê-las. Não vale o trabalho. Vender tudo traz carga extra e estresse para o processo de minimização. Bem, pode valer a pena tentar vender alguns itens caros. Mas não as pequenas coisas — certamente não, se você estiver dependendo de uma venda de garagem para arrecadar bastante dinheiro!

Felizmente, logo encontramos uma maneira diferente.

A Melhor Maneira de Se Livrar de Suas Coisas

Depois da nossa decepcionante, cansativa e demorada venda de garagem, Kim e eu ainda tínhamos muitas coisas para dar destino. Então, ela ligou para a Care Net, uma organização local de Burlington, em Vermont, que fornecia roupas para gestantes e bebês. Kim se perguntou se eles poderiam usar as coisas para bebês que não havíamos vendido.

Eles responderam com entusiasmo. "Sim, sim, podemos. Sempre precisamos de algo."

Depois da resposta deles, fiz outro telefonema. Dessa vez, entrei em contato com o Programa de Reassentamento de Refugiados de Vermont, que ajuda refugiados e imigrantes a obter independência pessoal e autossuficiência econômica.

Eles nos explicaram que precisavam desesperadamente de toalhas, lençóis e utensílios de cozinha, pois rotineiramente equipavam apartamentos para imigrantes que chegam com pouco mais do que as roupas do corpo.

Depois disso, ligamos para mais instituições de caridade locais, incluindo um abrigo para sem-teto.

Nossos corações se acalmaram quando começamos a compreender o número de homens, mulheres e crianças em nossa comunidade que vivem sem a segurança básica que nosso lar proporciona. Na verdade, para nosso desgosto, percebemos que durante anos havíamos deixado alguns itens desesperadamente necessários para outras pessoas acumularem poeira em nossas estantes ou no nosso porão. E por qual motivo? Apenas no caso de nossos lençóis, utensílios de cozinha ou roupas de repente se mostrarem inadequados?

Rapidamente descobrimos mais alegria em entregar esses itens desnecessários a instituições de caridade locais do que jamais poderíamos encontrar no dinheiro ganho com a venda. Essa experiência mudou minha visão de minimizar e mudou para sempre os conselhos que dou para outras pessoas que embarcam na jornada.

Em vez de vender os itens que não deseja mais, doe-os. Pratique generosidade com eles. Não falta oportunidade.

Inúmeras organizações de caridade em todo o mundo atendem a necessidades reais e urgentes. Elas fornecem comida e abrigo para aqueles que não têm. Entregam água limpa a vilas que não têm um poço. Protegem mulheres agredidas. Colocam órfãos em famílias amorosas. Elas oferecem assistência educacional e treinamento profissional para pessoas que precisam de ajuda para começar. E muito, muito mais.

Ao doar seus bens desnecessários a essas organizações, você pode fazer uma diferença real de maneira rápida e fácil. E com o recibo dedutível de impostos, você provavelmente vai sair financeiramente à frente do que teria se tivesse vendido itens no eBay ou em uma venda de garagem — com muito menos esforço! Certamente, a satisfação que você vai sentir é diferente de qualquer outra coisa que já experimentou, mesmo que sua venda de garagem tenha gerado mais receita do que esperava.

Reduzir seus pertences é um trabalho árduo. Tentar revender sua bagunça só adiciona custos de tempo e de energia à sua jornada, além de ansiedade e frustração. Contudo, doar traz à nossa alma alegria e satisfação que o dinheiro nunca poderá comprar.

Portanto, encontre uma instituição de caridade local cujos valores estejam alinhados com os seus e experimente o prazer de ver seu excesso atender às necessidades de outras pessoas em sua comunidade.

Ali Eastburn experimentou essa realidade de uma forma que poucas pessoas jamais imaginaram.

COM ESTE ANEL...

Ali era uma esposa e mãe de 40 anos de cabelos ruivos e uma personalidade brilhante. Em 2007, participou de um retiro de fim de semana com algumas mulheres de sua igreja. Ela esperava se reconectar com seus amigos e concentrar-se em seu relacionamento com Deus. Mal sabia ela que o retiro mudaria sua vida e, depois, a vida de inúmeros homens e mulheres em todo o mundo.

As mulheres se sentaram juntas em uma sala, e a líder do retiro perguntou: "O que podemos fazer para mudar o mundo ao nosso redor?"

O silêncio preencheu a sala.

Finalmente, Ali falou. "E se vendêssemos algumas de nossas coisas e usássemos o dinheiro para ajudar as pessoas?"

A ideia foi recebida com mais silêncio. Porém ela ainda não havia terminado.

"E se vendêssemos algumas coisas de que gostamos? Como um carro, ou um barco ou..." Ali parou, porque um pensamento subversivo surgiu em sua mente, uma ideia que mudaria sua vida e a vida de inúmeras outras pessoas. Ela disse: "Aposto que se eu vendesse minha aliança de casamento poderia alimentar uma vila inteira na África."

Ela não podia acreditar nas palavras que saíam de sua boca. E ainda assim ela sabia, no fundo, que abrir mão de seu anel era exatamente o que precisava fazer.

Semanas depois, após mais de uma conversa com o marido, eles venderam o anel e doaram o dinheiro para perfurar poços de água na África subsaariana, onde muitos estavam morrendo por falta de água potável.

No entanto, a história não terminou aí. Algumas semanas depois, uma das amigas de Ali a chamou em uma manhã de domingo e colocou a aliança de casamento na sua mão. Ela disse baixinho: "Pode ficar com a minha aliança também." Para grande surpresa de Ali, não parou por aí. Outra amiga doou sua aliança. E depois outra.

Aproveitando o embalo, Ali estabeleceu uma organização sem fins lucrativos chamada With This Ring ("Com Este Anel", em tradução livre), que chama homens e mulheres para um ato de generosidade radical, pedindo-lhes corajosamente que se desfaçam de seus bens mais valiosos pelo bem dos outros. Até hoje, a With This Ring coletou mais de mil alianças e forneceu água potável para dezenas de milhares de pessoas na África, na América Central e na Índia.[2]

Ali vivencia alegria ao doar e realização na generosidade. De fato, ela atestaria que é muito melhor dar do que acumular.

Você pode não se sentir tocado a ponto de abrir mão de sua aliança de casamento para proporcionar água potável a pessoas na África. Ali seria a primeira a admitir que o passo dela foi um movimento raro em direção à generosidade. Porém cada um de nós deve se sentir motivado a cuidar dos pobres e necessitados, não apenas por eles, mas também por nós mesmos. Doar nossos bens é uma maneira imediata de começar a ajudar os mais vulneráveis ao nosso redor.

E estou apenas começando a citar as formas como o minimalismo pode fortalecer sua generosidade.

INVESTINDO SEUS DIVIDENDOS FINANCEIROS

Uma vez que tenhamos feito algum progresso na minimização de nosso estilo de vida, surge um benefício óbvio. Por termos parado de comprar tanta coisa, geralmente acabamos com mais dinheiro no banco. Eu penso nesse dinheiro como dividendos financeiros do minimalismo.

Há muitas coisas que podemos fazer com esses dividendos, como pagar dívidas, economizar ou investir para um futuro financeiramente mais seguro e comprar coisas com mais qualidade, em vez de quantidade, quando surgirem necessidades genuínas. São todas boas escolhas. E outra é iniciar ou aumentar nossas doações de caridade.

Adivinhe qual porcentagem de suas rendas os norte-americanos doam atualmente?

A resposta correta é que os norte-americanos, individualmente, doam em média algo entre 2% e 3% de sua renda. Isso soma cerca de US$260 bilhões por ano para o país. Se você adicionar o dinheiro doado por fundações, corporações e legados, o total sobe para algo em torno de US$360 bilhões.[3]

Não me entenda mal; fico feliz em ver esse dinheiro fluindo para as pessoas que precisam. No entanto, vou ser honesto com você: acho que essa é uma quantia insignificante e até vergonhosa. Se doarmos 3% como indivíduos, isso significa que mantemos 97% de nossa renda para nós mesmos. Os norte-americanos estão entre as pessoas mais ricas do planeta. Precisamos mesmo gastar 97% do nosso dinheiro com nós mesmos? Especialmente se considerarmos a grande necessidade no mundo e nas nossas vizinhanças?

Sei que doar dinheiro pode ser assustador, especialmente se nunca fizemos isso. A generosidade é um ato de bravura. Há algo difícil em abrir nossas mãos e deixar nosso dinheiro suado ir embora. Assim como achamos que devemos nos agarrar às nossas posses "por via das dúvidas", também achamos que precisamos manter o máximo de dinheiro que pudermos "por via das dúvidas".

Porém raramente precisamos manter tanto dinheiro guardado quanto nosso pavor nos incita a fazer. De fato, ao reduzir nossas despesas, o minimalismo reduz nosso risco financeiro.

Então, meu conselho sobre seu dinheiro excedente é doá-lo. Fique livre dele. Aprenda a deixá-lo ser parte do grande fluxo de valor financeiro que viaja para as pessoas que precisam.

Você pode se surpreender ao sentir como é bom.

Também pode se surpreender com o nível de engajamento em todo o processo de generosidade que você pode alcançar. Coloque seu tesouro em algum lugar bom, e seu coração o seguirá.

Use o esforço que você dispendia ao pesquisar e comprar coisas que não precisava de verdade para descobrir como doar seu dinheiro com o máximo de impacto. Há uma abundância de informações por aí que pode transformá-lo em um filantropo diário. Caso essa seja uma nova iniciativa para você, quero lhe dar alguns conselhos iniciais.

Aumentando Suas Doações

Poucos de nós estão satisfeitos com nosso atual nível de generosidade. A maioria das pessoas que conheço gostaria de poder doar mais.

Por isso, quero incluir aqui uma série de passos simples que podemos dar para tornar a generosidade algo mais intencional em nossas vidas. Se você nunca doou dinheiro, esta seria uma ótima maneira de começar (não importa qual seja sua situação econômica atual). Por outro lado, se você espera aumentar o nível de generosidade em sua vida, também descobrirá que alguns desses passos simples são relevantes e úteis.

1. *Comece com pouco — bem pouco.* Se você nunca doou dinheiro, comece doando $1. Se você tem vergonha de doar apenas $1, não tenha. Não precisa se preocupar: existem muitas instituições de caridade online que permitem que você doe com o cartão de crédito, e você nunca cruzará com as pessoas que registram sua doação.

    Obviamente, o objetivo deste exercício não é relatar uma dedução de $1 em sua declaração de imposto de renda anual. O importante é começar. Se você se sentir mais confortável em doar $5, $10 ou $20, comece por aí. Porém, não importa o valor que escolha, saia da reserva e entre no jogo com alguma coisa. Você consegue. E esse pequeno empurrão pode ajudar a dar embalo em sua vida em direção à generosidade fiscal.

2. *Doe primeiro.* Quando receber seu próximo salário, faça um ato de doação como sua primeira despesa.

    Muitas vezes, esperamos para ver quanto nos resta antes de determinar o quanto podemos doar. O problema é que, na maioria das vezes, depois que começamos a gastar, não sobra nada — e sempre haverá mais despesas no futuro. O hábito de gastar tudo está profundamente arraigado em nossas vidas. Para neutralizar esse ciclo, devemos doar primeiro.

Todo dia de pagamento, escreva um cheque para sua igreja, um abrigo local para sem-teto ou qualquer outro destinatário de sua escolha. Você pode ficar surpreso ao nem sentir falta do dinheiro. E ao ver como é fácil aumentar a doação com o tempo.

3. *Separe uma despesa específica.* Por um período de tempo, passe o dinheiro de uma despesa específica para uma instituição de caridade de sua escolha. Você pode optar por levar almoço para o trabalho em vez de ir a um restaurante, ir de bicicleta uma vez por semana em vez de gastar combustível para dirigir ou abrir mão do Starbucks às segundas-feiras (ou às quintas). Calcule o dinheiro que você economiza e direcione-o para uma instituição de caridade ou causa específica.

Recomendo que você escolha algo que seria divertido de desistir, algo único que você vai se lembrar. Defina um período de tempo específico para tornar o experimento completamente viável.

4. *Patrocine uma causa com base em suas paixões.* Existem inúmeras instituições de caridade e causas que precisam do seu apoio. E alguma pode estar diretamente alinhada com suas paixões.

Pelo que você é mais apaixonado? Proteger o meio ambiente, erradicar a pobreza ou por alguma religião? Talvez seja a paz mundial, a nutrição infantil ou os direitos dos animais. E quanto à educação, aos direitos civis ou à água potável? Identifique quais paixões o movem, encontre uma organização comprometida que trabalhe na área e depois ajude-a em seu trabalho com alegria.

5. **Passe tempo com uma pessoa generosa.** Certa vez, saí para almoçar com um senhor mais velho cuja generosidade eu admirava há anos e decidi fazer perguntas sobre essa prática em sua vida. Eu disse: "Você sempre foi um cara tão generoso?" Ele respondeu: "Não, não fui", e imediatamente continuei: "Quando você se tornou tão generoso?", "Como começou?", "Como você decide para onde vai o seu dinheiro?", "Que conselho você daria para quem quer começar?". A conversa foi útil, pois eu começava a estabelecer as bases para minha prática de generosidade (e o outro cara pagou a refeição — vai entender).

A generosidade raramente acontece por acaso. É uma decisão proposital que cada um de nós deve tomar em nossas vidas. Mas não precisa ser tão difícil, como muitas pessoas imaginam. Às vezes, começar com passos simples é o ato mais importante que podemos levar adiante.

Grande parte de viver mais tendo menos é poder ser cada vez mais generoso.

Investindo Seus Dividendos de Tempo

Quando se trata de encontrar maneiras de ser generoso, pense além dos bens que você pode doar.

Pense para além do seu dinheiro também.

Pense em si mesmo.

Normalmente, o minimalismo não apenas gera dividendos financeiros, mas também dividendos de tempo. Quando decide viver propositalmente com menos, você não fica tão ocupado ganhando dinheiro para comprar coisas, comprando-as e depois cuidando das coisas que comprou. Você passa a ter mais tempo para outros assuntos. Considere usar parte desse tempo para se envolver direta e pessoalmente em boas obras por meio do voluntariado.

Eu sei que esse passo pode ser mais assustador do que fazer uma doação ou uma transferência. É mais pessoal, envolve mais vulnerabilidade. Significa que você, de fato, se envolverá com pessoas, o que sempre tem potencial para ser algo confuso. Porém, o que eu mais gosto no voluntariado é que ele me lembra de que pessoas com necessidades são pessoas, e não projetos. E sei que todas as vezes que me arrisquei a doar meu tempo, minha energia e minhas habilidades, fiquei grato por isso.

Acredito que há uma pirâmide de impacto na generosidade. Doar bens é bom. Doar dinheiro geralmente é ainda melhor. Mas, de longe, o melhor é se envolver pessoalmente em servir aos outros.

Você tem medo de não ter nada a oferecer? Tenho certeza de que você tem! Você tem força. Você tem compaixão. Você tem sabedoria de lições aprendidas. Você pode ter uma capacidade administrativa, uma inclinação criativa, uma habilidade de construção ou quaisquer outros dons que possa compartilhar com pessoas e organizações.

Quando pensar em ser voluntário, avalie seus talentos, juntamente com suas paixões. Combine-os com as necessidades que você pode encontrar. Você se vê organizando uma campanha de coleta de enlatados? Passeando com cachorros de um abrigo de animais? Servindo como professor em um local histórico? Sendo tutor de alfabetização? Construindo uma casa para uma família pobre?

Há muitas organizações das quais participar. Considere a congregação da sua religião. Um abrigo para sem-teto. Um banco de alimentos. Uma biblioteca. Um hospital. Um centro para a terceira idade. Uma organização ambiental. Um parque nacional. Um museu de arte. Uma escola.

Quando você se tornar veterano no voluntariado, talvez esteja pronto para ir mais longe. Talvez você ofereça ajuda em desastres com a Cruz Vermelha. Ou se junte a uma missão. Ou se inscreva no Peace Corps.

Contudo, antes que as possibilidades comecem a parecer intimidantes, devo lembrá-lo de que o voluntariado não precisa ser tão formal e organizado assim. Tudo o que realmente é preciso é ter amor pelos outros, olhos para enxergar o que estão passando e tempo para se juntar a eles. Você pode melhorar a vida de alguém simplesmente removendo a neve da calçada de um vizinho idoso, cuidando de crianças para dar descanso a uma mãe cansada ou fazendo refeições para um amigo doente. Simples atos de compaixão como esses tornam o mundo um lugar mais gentil e menos solitário.

Pessoas generosas costumam admitir que uma pessoa nunca resolverá todos os males do mundo. Entretanto, isso não as refreia nem um pouco. Para elas, a possibilidade de mudar até mesmo uma vida para melhor é o suficiente para seguir em frente.

Como disse Anne Frank: "É maravilhoso que ninguém tenha que esperar e possa começar agora mesmo a mudar gradualmente o mundo!"[4]

O Contragolpe da Generosidade

Quando doamos nossas coisas desnecessárias, nosso dinheiro e nosso tempo, podemos claramente melhorar a vida dos outros. Mas de uma maneira bela, nossa generosidade também faz bem para nós mesmos.

Não estou dizendo que devemos ser generosos *para que* possamos nos beneficiar disso pessoalmente. Devemos ser generosos pelo bem dos outros — essa é a nossa motivação. Porém, ao mesmo tempo, devemos esperar que benefícios intangíveis retornem para nós e aceitá-los com gratidão.

Posso atestar que a generosidade faz com que eu me sinta melhor comigo mesmo e com o que faço da minha vida. E sei que não estou sozinho. Muitas pessoas generosas relatam ter uma sensação maior de satisfação e felicidade. Estudos até associaram a generosidade à melhoria da saúde física.[5] É incrível!

Além disso, observei que pessoas generosas têm relacionamentos mais gratificantes. As pessoas sempre preferem a companhia de um doador generoso à presença de um acumulador egoísta. São naturalmente atraídas por outras que têm um coração aberto para compartilhar. E ser um bom amigo é o melhor presente que você pode dar a si mesmo.

Aqueles que são generosos também tendem a valorizar o que possuem. As pessoas que doam bens mantêm o que resta em alta estima. As pessoas que doam dinheiro desperdiçam muito menos o dinheiro que sobra. E as pessoas que doam tempo usam melhor o tempo restante.

No entanto, o tempo todo, pessoas generosas encontram significado fora de suas posses. Embora muitos conectem valor próprio ao valor do patrimônio (como se o verdadeiro valor de uma pessoa pudesse ser contabilizado!), as pessoas generosas encontram seu valor em ajudar os outros. Elas rapidamente percebem que seus extratos bancários não dizem nada sobre seu verdadeiro valor.

Por causa disso, elas têm menos desejo por mais. Elas encontram realização, significado, valor e relacionamentos de forma diversa da aquisição de posses. Elas aprenderam a encontrar alegria no que já possuem e a dar o resto. Em outras palavras, elas encontraram contentamento.

Porém talvez o maior benefício da generosidade seja o seguinte: as pessoas generosas percebem que já têm o suficiente.

Muitas vezes somos reféns da busca por mais. Não importa o quanto tenhamos, sempre parecemos precisar de mais — mais coisas e mais dinheiro.

Escolhemos nossas carreiras para conseguirmos mais. Passamos as melhores horas de nossos dias tentando obter mais. Ficamos com inveja quando pessoas "menos merecedoras" aparentam ter mais. E nos preocupamos constantemente em ter o suficiente.

Contudo, esse desejo constante por mais está tendo efeitos prejudiciais em nossa sociedade. Setenta e dois por cento das pessoas relatam que sentem-se estressadas por causa de dinheiro.[6] Há pessoas que sentem ansiedade por necessidades financeiras legítimas, mas, para a maioria, isso é completamente equivocado. Em um mundo onde 6 bilhões de pessoas vivem com menos de US$13 mil por ano[7], a maior parte do nosso estresse financeiro ocorre por causa de necessidades fabricadas artificialmente.

A generosidade muda essas formas de pensar e nos ajuda a eliminar essa busca. Ela nos revela como já somos abençoados. Ela nos lembra de que já possuímos mais do que precisamos. Mostra-nos quanto temos para dar e quanto podemos fazer o bem. Ajuda-nos a ver as necessidades daqueles com quem convivemos. E oferece uma alternativa melhor para o nosso dinheiro do que gastá-lo conosco.

Se o desejo de ser mais generoso o motiva, deixe que isso o estimule a viver com menos. E à medida que a minimização liberar recursos que você possa compartilhar, vá em frente e distribua-os com liberdade e alegria. Seu coração vai ficar mais aquecido. O mundo será um lugar melhor. E você descobrirá que nem precisava de tudo aquilo, para início de conversa.

Portanto, hoje mesmo, doe roupas que você não veste, equipamentos esportivos que não usa, livros que não vai ler ou móveis que ocupam espaço desnecessariamente. Faça uma doação financeira para uma instituição de caridade que você apoia. Seja generoso com seu tempo fazendo voluntariado na escola pública local, em um abrigo para sem-teto ou em uma ONG de sua escolha.

É o atalho mais rápido que posso sugerir para viver de modo que cause um bom impacto.

12
Uma Vida com Intenção

Minha vida é muito diferente hoje do que era em 2008, e o minimalismo foi o catalisador. Decidir ter menos trouxe mais mudanças para minha vida do que simplesmente limpar gavetas e armários. Desafiou muitas das minhas suposições e me levou a um estilo de vida totalmente novo.

Olhando para trás agora, tenho o benefício de poder comparar.

Eu adorava assistir à televisão e jogar videogame durante horas. Eu tinha alergia a exercícios, bebia muito refrigerante e comia muito fast-food. Ficava acordado até tarde e cochilava sempre que possível. Fazia tudo que achava que queria fazer.

Porém agora posso ver como meu modo de vida anterior não estava melhorando minha satisfação. Na verdade, estava prejudicando. A vida que eu vivia não chegava nem perto da melhor possível, para mim ou para os mais próximos a mim. Era uma vida à deriva, sem foco.

É isso que torna a vida não examinada tão perigosa. Achamos que estamos vivendo o máximo dela, mas não estamos. Muitas vezes, estamos trocando propósitos de longo prazo por prazeres de curto prazo.

Quando comemos de forma pouco saudável, perdemos a oportunidade de nutrir nossos corpos apropriadamente.

Quando assistimos muito à TV ou passamos muito tempo online, perdemos oportunidades de interagir com pessoas no mundo real.

Quando negligenciamos as atividades físicas, perdemos a oportunidade de desfrutar aventuras possíveis para quem tem resistência física.

Quando ficamos acordados até tarde e dormimos pela manhã, podemos estar perdendo o período mais produtivo do nosso dia.

Quando compramos mais do que precisamos, perdemos a oportunidade de viver com liberdade e sem fardos.

Quando gastamos mais do que ganhamos, nós nos acorrentamos à escravidão das dívidas.

Quando gastamos muito dinheiro conosco, perdemos a oportunidade de encontrar mais alegria sendo generosos com os outros.

A maneira de evitar esses erros é viver com intenção. Ou seja, examinando nossas opções e fazendo escolhas com propósitos maiores e objetivos de longo prazo em mente. Se uma atividade, decisão ou hábito não estiver nos aproximando de nosso propósito e nossa paixão, devemos eliminá-lo. Porque isso estará nos distraindo do que realmente importa.

Até este ponto do livro, falei principalmente sobre nossas posses, já que elas têm muito poder sobre nós e porque dimensionar corretamente nosso ambiente material não é um projeto pequeno. Contudo, o princípio de se obter mais com menos pode ser aplicado para além de nossos utensílios domésticos.

Vamos considerar três áreas comuns em que podemos nos beneficiar aplicando a intencionalidade em nossas vidas: nossos horários, nossos corpos e nossos relacionamentos.

Viciados em Estar Ocupados

A velocidade do nosso mundo está sempre aumentando. A tecnologia e a comunicação continuam a melhorar, e as informações transitam mais rapidamente. O tempo todo, empresas e redes de mídia social aparentam recompensar aqueles que permanecem perpetuamente conectados.

Expectativas, demandas e acessibilidade continuam expandindo, mas o número de horas semanais não. Como resultado, nossas vidas ficam mais e mais ocupadas.

As estatísticas não mentem. Na Grã-Bretanha, 75% dos pais estão ocupados demais para ler para seus filhos à noite.[1] Um número crescente de crianças está sendo colocado em creches e atividades extracurriculares.[2] Está difícil para encontrarmos oportunidades para tirar férias.[3] Em média, os norte-americanos classificam seu nível de estresse como 4,9 em uma escala de 10 pontos, em grande parte devido à ocupação de suas agendas e à pressão para ganhar dinheiro e sustentar o estilo de vida que é aceito socialmente.[4]

Nossa abordagem acelerada da vida raramente nos beneficia no longo prazo, porque uma vida ocupada não permite que reflitamos sobre ela mesma. Muitas vezes ficamos tão envolvidos em correr de uma coisa para outra que nem percebemos como nossas agendas estão nos sobrecarregando. Tampouco reconhecemos como o excesso de compromissos em nossas vidas pode estar nos prejudicando de verdade.

Aparentemente, estar ocupado se tornou o estado-padrão para muitos de nós. Assim como gastamos demais e acumulamos bens materiais, comprometemos demais nossos dias.

Certamente há épocas na vida que exigem tempo e dedicação. E nunca devemos desencorajar o trabalho duro por coisas que importam. Porém, infelizmente, a maioria das pessoas está ocupada com as coisas erradas, permitindo que falsas suposições conduzam seus horários.

Muitas das mentiras que ouvimos desde que nascemos excluem as coisas da vida que mais importam. Em vez de aproveitarmos os benefícios de uma vida calma e com propósito, corremos de uma trivialidade desnecessária para outra. E no final, ninguém ganha.

Não fique tão ocupado perseguindo as coisas erradas a ponto de perder a oportunidade de aproveitar as coisas certas.

Tornando-se Desocupado

Meu amigo Mike Burns dá um testemunho de que é possível simplificar sua agenda e desocupar sua vida. Ele diz:

> Quinze anos atrás, eu estava sobrecarregado.
>
> Estava trabalhando por muitas horas, tentando me estabelecer na minha carreira. Eu fazia malabarismos com minha esposa, meus seis filhos, vizinhos, amigos, família e colegas de trabalho. Minha agenda estava bem bagunçada. Muitas coisas estavam acontecendo, e nunca havia tempo suficiente para elas.
>
> Minhas intenções eram boas. Meu coração estava no lugar certo. Mas minha vida estava um turbilhão. Eu não conseguia recuperar o fôlego.
>
> Algo tinha que mudar. Eu sabia que precisava de ajuda.
>
> Então, minha família começou uma jornada para descobrir como poderíamos administrar bem nosso tempo e focar as coisas que eram mais importantes para nós. Essa busca acontece há quinze anos. E compensou muito!
>
> Não posso dizer que todos os dias correm exatamente de acordo com o planejado. Nem é possível. Porém posso dizer com confiança que agora vivemos o tipo de vida que queremos viver. Concentramos nossos esforços nas coisas que mais valorizamos.[5]

Se isso soa como o modo que você deseja descrever sua vida daqui a quinze anos, deixe-me lhe mostrar quatro passos para chegar lá.

1. **Reserve espaço em sua rotina.** Encontre tempo de manhã para se sentar tranquilamente antes de começar o dia. Pare para o almoço. Aproveite oportunidades para fazer pausas no trabalho entre projetos. Invista em solidão, oração ou meditação. Comece imediatamente a cultivar pequenos momentos de espaço e margem em seu dia atarefado.

2. **Reduza as distrações.** Hoje em dia, com um clique do mouse ou o passar do dedo, somos instantaneamente transportados para um mundo que absorverá com prazer toda a nossa curiosidade. No entanto, você não pode crescer em uma área da vida se tiver curiosidade em todas. Haja intencionalmente para limitar distrações, desativando as notificações e aplicativos do smartphone, verificando e-mails apenas duas vezes por dia e reduzindo o número de vezes que acessa noticiários, sites de entretenimento e mídias sociais.

3. **Encontre a liberdade da palavra "não".** Sêneca escreveu: "Todo mundo concorda que nenhuma busca pode ser empreendida com sucesso por um homem que está ocupado com muitas coisas."[6] Reconheça o valor inerente à palavra "não". Aprender a dizer "não" a compromissos menos importantes abre sua vida para buscar o mais importante.

4. **Curta e agende seu descanso.** Uma das razões pelas quais muitos de nós mantemos agendas ocupadas é que não reconhecemos o valor do descanso. Porém o descanso é benéfico para nossos corpos, nossas mentes e nossas almas. Reserve um dia por semana para o descanso e para a família. Programe-o em sua agenda e preserve-o a todo custo.

Os princípios de se viver com menos se aplicam aos nossos horários, chamando-nos a remover o que não é essencial. Eles também trazem intencionalidade para nossa saúde e cuidado com o corpo.

NA PELE

Vivemos em uma sociedade obcecada pela beleza. Por vezes podemos criticar essa obsessão, mas ainda assim a maioria das pessoas dedica uma quantidade incrível de tempo e energia a pensar sobre a aparência, falar sobre ela e tentar ficar melhor para os outros. Essa é uma parte importante do motivo pelo qual tantos de nós levam vidas bagunçadas, caras e complicadas.

Só os norte-americanos gastam mais de US$12 bilhões por ano em cirurgias plásticas e mais de US$56 bilhões em cosméticos.[7] Novos modismos dietéticos surgem e desaparecem em um ritmo vertiginoso. Capas de revistas nos caixas de supermercados prometem barriga tanquinho. A mulher média gasta duas semanas por ano com o visual.[8]

A propósito, não são apenas as mulheres que tendem a gastar muito tempo em busca de um bom visual. Os fabricantes de produtos de higiene masculinos estão esfregando as mãos de alegria com as tendências que indicam que os homens estão se tornando mais focados na própria aparência. De fato, uma pesquisa realizada no Reino Unido mostrou que homens, na verdade, gastam um pouco mais de tempo do que as mulheres se arrumando.[9]

E depois temos as roupas. A família norte-americana média gasta US$1.700 por ano em roupas.[10] É claro que precisamos de algumas peças, mas compramos grande parte de nossas roupas porque achamos que elas nos proporcionam uma aparência melhor perante os outros ou porque nos fazem sentir melhor conosco. Hoje, uma mulher possui em média trinta modelos de roupa, enquanto em 1930 possuiria nove. Ela gasta mais de cem horas em trinta saídas para comprar roupas, faz quinze saídas para compras de sapatos que somam quarenta horas e gasta cinquenta horas completas olhando vitrines, por ano.[11] Em contrapartida, um norte-americano joga fora em média trinta quilos de roupas anualmente.[12]

Não vou além para mencionar joias, penteados, manicure e pedicure, tratamentos de pele e tatuagens e piercings — todas coisas nas quais as pessoas gastam tempo e dinheiro, na busca por parecerem atraentes.

A ironia é que todo esse esforço não mostra necessariamente os resultados que esperamos. Uma pesquisa mostrou que 77% das mulheres adultas ainda reclamam da aparência física, apesar de todo o tempo e dinheiro gastos.[13] Outra pesquisa revelou que, em média, se as mulheres usassem 40% menos maquiagem, tanto homens quanto outras mulheres as achariam mais atraentes.[14]

E o que é mais importante no longo prazo, apesar de toda a fixação cultural em nossos corpos, é que não somos tão saudáveis quanto poderíamos ser. Quase 69% dos norte-americanos estão acima do peso ou obesos.[15] Apenas um em cada cinco adultos atende às diretrizes federais para atividade aeróbica e exercícios de fortalecimento muscular.[16] Gastamos US$110 bilhões por ano em fast-food e uma média de 34 horas por semana assistindo à televisão.[17] O problema aqui é que estamos mais focados na beleza do que na saúde.

Quanto tempo e dinheiro você está gastando com o visual? Talvez mais do que necessário. Se o seu armário está abarrotado de roupas, o balcão do banheiro está cheio de produtos de beleza e você se apressa todas as manhãs ao se preparar para o dia e, ao mesmo tempo, sabe que não está tão em forma e tão forte quanto poderia, então talvez o cuidado com o corpo seja uma área que você possa intencionalmente melhorar.

SEU CORPO, UM INSTRUMENTO DE SUA VONTADE

Que perspectiva pode motivá-lo a cuidar adequadamente do corpo sem se tornar obsessivo com ele? Gosto quando Gary Thomas, o autor de *Every Body Matters* (Sem tradução até o momento), diz que precisamos "parar de tratar nossos corpos como ornamentos — com todas as motivações equivocadas frequentemente exibidas por aqueles que constroem seus corpos por orgulho e ambição — e começar a tratar nossos corpos como instrumentos, veículos constituídos para servir ao Deus que os moldou".[18]

Aparência não é o que mais importa. Mais importante que isso, nosso corpo físico é o instrumento com o qual realizamos nosso propósito neste mundo. Se desejamos ser bons pais, mentores espirituais, viajantes do mundo, empresários de sucesso ou qualquer outra coisa, a condição de nosso corpo ou é um ativo, ou um passivo.

Isso implica que precisamos fazer uma mudança importante em nosso modo de pensar. Não nos importemos com nossos corpos simplesmente por vaidade ou para preencher um vazio emocional dentro de nós. Cuidemos de nossos corpos para que possamos realizar de forma mais eficaz aquilo que mais queremos da vida.

Essa linha de pensamento nos leva a fazer escolhas saudáveis.

▶▶ *Ela nos motiva a nos alimentarmos apropriadamente.* Não sou vegetariano nem coloco restrições estritas à minha dieta, mas posso reconhecer como uma alimentação saudável me prepara para viver uma vida mais eficaz e eficiente. Uma boa regra é montar metade de suas refeições com frutas e legumes. O objetivo em nossa casa é fazer da carne um acompanhamento, em vez do prato principal.

▶▶ *Ela nos lembra de nos hidratarmos suficientemente.* Todos os sistemas em seu corpo dependem de água. De acordo com a Clínica Mayo, o corpo precisa de nove a treze copos de água por dia (dependendo do seu sexo, tamanho e nível de atividade).[19] Considere oito copos de água por dia como um bom ponto de partida.

▶▶ *Ela nos convida a nos exercitarmos frequentemente.* Os Centros de Controle e Prevenção de Doenças dos EUA recomendam 150 minutos por semana de atividades aeróbicas e fortalecimento muscular, realizadas em dois ou mais dias por semana.[20] Se você age intencionalmente para fazer exercícios, está atendendo a essa sugestão. Se não tem a intenção de fazer exercícios, dê o primeiro passo.

▶▶ *Ela demanda que eliminemos hábitos não saudáveis.* Aposto que você nem precisa que eu repita o conselho comum; você só precisa segui-lo. Não coma demais. Coma menos porcarias. Beba menos álcool. Não coma fora com tanta frequência. Não fume. Leia e observe os rótulos dos alimentos.

Essa lista não é individualizada. Mas a motivação de cada um para a colocar em prática é. Não adoto esses princípios por inveja ou pela necessidade de impressionar as pessoas com minha aparência. Eu os adoto porque eles permitem que meu corpo cumpra meu propósito de vida de forma mais eficaz. Essa mudança de mentalidade faz uma enorme diferença.

Escolha um item da lista que você possa melhorar. Comece por aí. E experimente algumas vitórias antes de passar para o próximo.

Como o Minimalismo Me Levou à Academia

Seis meses depois de descobrir o minimalismo, chegou meu aniversário seguinte em 11 de dezembro. Minha esposa me perguntou o que eu queria de presente de aniversário e eu não sabia como responder. Depois de meses removendo a bagunça de nossa casa, a última coisa que eu queria era trazer mais coisas para dentro. Como eu poderia pedir uma gravata quando eu tinha acabado de doar doze? Ou outro relógio quando eu tinha acabado de me livrar de três?

A inspiração veio em uma noite fria enquanto eu estava voltando do trabalho para casa. Ao passar por um shopping perto do nosso bairro, vi uma faixa roxa brilhante que não estava lá antes. Ela dizia: "Planet Fitness. Em breve! Inscreva-se por apenas US$10 por mês."

Agora eu sabia exatamente o que queria de aniversário: uma matrícula na academia. O presente resultaria em nada de bagunça para nossa casa, e também, pela primeira vez, eu teria tempo, motivação e recursos para entrar em forma e priorizar o condicionamento do meu corpo.

No dia 12 de dezembro, fiz minha primeira visita à Planet Fitness. Tenho me exercitado regularmente e colhido os benefícios desse novo hábito desde então.

No meu caso, o minimalismo estimulou uma mudança na forma como trato meu corpo, da mesma forma com que me fez simplificar minha agenda. Minimizar minhas posses serviu como porta de entrada para o senso de intenção em todas as outras áreas.

Isso nos leva à terceira grande área de intencionalidade quando queremos viver um estilo de vida com menos: relacionamentos. O processo de redução e remoção se aplica realmente aqui?

DESPEDIDAS

Muitas pessoas no movimento do minimalismo aconselham: "Remova todas as pessoas que não trazem benefícios à sua vida." Eles estão incentivando a eliminação da bagunça relacional, assim como nos encorajam a limpar a desordem de nossos armários e prateleiras.

Entendo o argumento, mas discordo. Acredito que seja um erro aplicar rotineiramente o mesmo filtro que usamos com bens materiais aos nossos relacionamentos. Pessoas não são propriedades. Relacionamentos não são transações. Em breve falarei mais sobre isso.

Porém, primeiro, quero reconhecer que há momentos em que pode fazer sentido deixar um relacionamento, e quando precisamos fazê-lo, devemos fazê-lo de forma eficaz e sem culpa. Você pode precisar encerrar um relacionamento se ele estiver prejudicando você física ou emocionalmente, se nenhum de vocês estiver recebendo benefício real ou se dedicar tempo a ele estiver dificultando um relacionamento mais importante.

Às vezes, a melhor saída é acabar de vez um relacionamento. Relacionamentos abusivos e codependentes, em particular, são os principais candidatos à eliminação, a menos que possam ser fundamentalmente alterados. Faça a separação gentilmente, se puder, mas faça.

Em outros casos, você pode apenas precisar colocar limites em um relacionamento. Por exemplo, você pode decidir: "Só falarei com minha mãe ao telefone uma vez por semana, exceto em emergências." Ou dizer a um parceiro: "Tenho que ser honesto com você, Tom: não quero mais sair contigo, a menos que você pare de falar mal da sua ex. Isso é bem chato."

Existem ritmos, equilíbrios e trocas que podem tornar nossas vidas relacionais mais saudáveis. Cada adeus abre espaço para um novo olá. Ao remover ou reduzir um relacionamento prejudicial, você experimentará menos distração e mais paz. Você terá mais tempo, mais energia e recursos emocionais melhores para se dedicar às pessoas e às coisas que mais importam para você.

E quer saber? Há boas chances de que a pessoa para quem você disse adeus também fique melhor no longo prazo!

Dito isso, deixe-me repetir que o caminho para uma vida melhor não é essencialmente dar as costas aos outros, mesmo que ocasionalmente seja necessário que façamos isso. O caminho para uma vida melhor está no desenvolvimento da compaixão e do espaço para amar mesmo aqueles que não merecem. Escolher investir apenas nos relacionamentos que nos beneficiam não é amor, é egoísmo.

VALORIZANDO UMA AMIZADE UNILATERAL

Eu tenho um amigo. Vamos chamá-lo de João. Pensando bem, não tenho certeza de que *amigo* seja a melhor palavra para usar para ele, mas é a palavra que escolhi.

Sabe, o João não retorna muitas das minhas ligações. Ele não responde às minhas mensagens de voz, tampouco às de texto.

Porém, a cada poucos meses, meu telefone vai tocar e será o João. Sempre do nada. Geralmente à noite. Ele vai se desculpar por estar sumido há tanto tempo. Ele me dirá que está melhor agora e perguntará se podemos nos encontrar novamente para tomar um café ou almoçar.

Se for possível, eu concordo.

A vida do João não vem sendo fácil. Ele me conta sobre o abandono, as drogas, o álcool e as noites sem teto que definem seu passado. Ele fala livremente de suas indiscrições. Suas próprias falhas fazem parte de sua história tanto quanto a casa em que ele cresceu.

Toda vez que nos encontramos, ele aparece desarrumado e com a barba por fazer, mas com uma expressão esperançosa no rosto. Ele vai comentar sobre o desejo de voltar ao caminho certo com Deus e sobre as reuniões de recuperação que tem frequentado. Vou lhe garantir que há pessoas torcendo por ele e vou me oferecer para ajudar da forma que puder. "Nós podemos nos encontrar novamente na semana que vem", geralmente é a última coisa que digo... E só vou ter notícias dele novamente em alguns meses.

Honestamente, eu diria que não estou aproveitando muito meu relacionamento com o João. Ele não me dá nenhum conselho. Não tem um emprego ou uma habilidade específica que eu possa aprender. Ele certamente não tem amigos em altos cargos que possam me ajudar a progredir. Acho que ele se importa comigo como pessoa, mas mesmo que eu esteja certo, ele tem um jeito engraçado de mostrar isso.

A única coisa que ele me proporciona são oportunidades frequentes para eu doar amor. Não um amor que espera algo em troca, mas um amor puro e altruísta. Que requer paciência e graça, compromisso e sacrifício. Você sabe: amor verdadeiro. Nosso relacionamento me dá a oportunidade de sempre lembrá-lo de que, não importa para onde ele tenha ido, estou pacientemente esperando que ele volte.

Ao longo dos anos, houve pessoas das quais decidi me desligar gentilmente. Porém também há pessoas, como o João, que quero manter em minha vida, apesar de meus relacionamentos com elas não renderem muitos pontos, numa análise de custo-benefício.

O objetivo não é remover da minha vida todas as pessoas que não me servem. É trazer maior propósito a cada um dos meus relacionamentos. Quero encontrar pessoas que me guiem, orientem e me amem, mas também quero manter em minha vida pessoas a quem sirvo, amo e às quais me dedico. Porque ambas são necessárias para uma vida equilibrada.

Detalhadamente Minimalista

À medida que o minimalismo se torna parte de quem você é, você encontrará maneiras de viver os princípios muito além de seus bens materiais. Ele vai ensiná-lo a ser intencional a respeito daquilo a que você diz "sim" e ou "não", em muitas áreas. Analisamos as três principais.

Na agenda: reduza suas ocupações a um nível saudável e concentre-se nas atividades que mais lhe importam.

Nos cuidados com o corpo: não exagere na tentativa de ficar com um visual bom para os outros, mas tente manter seu corpo em forma e hábil para os propósitos que você espera alcançar.

Nos relacionamentos: deixe de lado as conexões insalubres ou infrutíferas, se necessário, mas mantenha as que são importantes para você, mesmo que às vezes os benefícios não sejam óbvios.

Aqueles que experimentam a maior alegria são os que procuram implementar hábitos sábios e saudáveis em todos os aspectos de seu ser. Pois, ao fazê-lo, equipam-se para realizar mais com suas vidas do que jamais imaginaram.

E realizar coisas com nossas vidas é o que é o minimalismo. Venho dizendo isto desde o início: o minimalismo nos liberta para perseguirmos grandes sonhos em nossas vidas. Para encerrar a jornada de *Viva Mais, Tenha Menos*, é exatamente isso que veremos a seguir.

13
Não Se Contente com Menos

Estabeleci uma meta para mim quando comecei a escrever este livro: apresentar a você um estilo de vida no qual possua menos sem perder de vista o propósito disso — ou seja, encontrar liberdade para buscar as coisas que mais importam para você.

Estou conseguindo? Enquanto você foi lendo, pensou nos grandes sonhos que tem para sua vida? Ou, melhor ainda, começou a experimentar a liberdade de ter menos e a realização de viver alguns desses sonhos?

Espero que sua casa esteja adquirindo um visual renovado, mais pacífico e convidativo. Espero que você não esteja mais tropeçando em coisas das quais não precisa, perdendo tempo tentando encontrar um sapato perdido no meio da bagunça, ou com aflição de voltar para uma casa que vai aumentar o estresse no qual você já vive. Espero que sua agenda, seus hábitos de autocuidado e seus relacionamentos estejam menos desgastantes e mais energizantes. Revise os capítulos anteriores deste livro sempre que precisar de inspiração ou orientação para estabelecer e manter o minimalismo que funciona melhor para você.

Porém, se o que fizermos for apenas minimizar nosso estilo de vida sem aproveitar os dividendos de tempo, dinheiro e liberdade que o minimalismo gera, então seria como investir numa conta de aposentadoria durante sua carreira e nunca usar o dinheiro quando aposentado.

Falei no capítulo anterior sobre intencionalidade. O tipo mais importante de intencionalidade está em perseguir suas maiores paixões e sonhos mais queridos, agora que o minimalismo o libertou para fazer isso.

Portanto, não posso terminar este livro sem lhe pedir nos termos mais claros possíveis: *Vá em frente!* Reserve passagens aéreas. Inscreva-se em uma aula de Artes. Ligue para o coordenador de voluntários. Treine para o triátlon. Abra uma butique. Faça aulas de voo. Aproxime-se dos seus netos. Grave suas músicas. Escale uma montanha. Aprenda culinária francesa. Escreva um livro. Conclua um curso. Adote filhos. Faça equitação. Seja o que for que você sonha em fazer se tiver recursos, faça agora.

Em algum lugar do mundo hoje, a minimalista Annette Gartland está vivendo seu sonho de viajar pelo planeta.

Em algum lugar do mundo, o minimalista Dave Balthrop está praticando a escrita criativa que ele ama.

Em algum lugar do mundo, estou adorando minha nova carreira de falar com as pessoas sobre a beleza de possuir menos.

Você também encontrará a melhor versão da sua vida quando sair por aí e fizer aquilo pelo qual é apaixonado. Não sonhe, apenas. Viva o sonho!

A Pérola

Certa tarde, Jesus comentou sobre o valor do reino dos céus com seus seguidores. Como costumava fazer, usou uma história para transmitir seu ponto de vista, uma história que logo transcenderia a religião e se estabeleceria na cultura mundial. Era assim: "O reino dos céus é como um mercador que procura belas pérolas. Quando encontrou uma de grande valor, ele vendeu tudo o que tinha, voltou e comprou-a."[1]

Acho que podemos imaginar com segurança que esse comerciante possuía muitas coisas antes de encontrar a pérola excepcional. Ele provavelmente achava que seu estoque de mercadorias também era muito bom. Porém, quando encontrou algo mais valioso — a pérola —, o comerciante foi sábio o suficiente para perceber que, em comparação, os bens que tinha não estavam à altura.

O que eu quero ressaltar é que ele não disse "Que bela pérola" e depois se esqueceu dela. Ele não exagerou o valor de suas posses em sua mente ou minimizou o valor da pérola especial. Ele não foi preguiçoso ou tímido para deixar a oportunidade passar. Tampouco permitiu que alguém o dissuadisse da decisão. Não. Ele tomou medidas decisivas para vender seus bens e adquirir a pérola.

Cristãos, como eu, reconhecem que Jesus estava chamando atenção para o reino de Deus, exortando seus seguidores a abandonar tudo em sua busca. No entanto, para nossos propósitos aqui, quero focar não a identidade da pérola, mas as ações do mercador. Ele exemplifica para todos nós a sabedoria no minimalismo.

Para olhar para essa história de uma maneira diferente, então, o minimalismo é o processo de "venda" de nossas posses atuais, e a "pérola" é qualquer propósito que o minimalismo nos permita buscar. Você pode definir essa pérola para si. Contudo, seja qual for a sua pérola, siga a dica do mercador. Tome uma atitude. Faça o que for preciso para adquirir a pérola. Não permita que nenhuma desculpa o impeça de ter a melhor vida disponível para aqueles que escolhem viver com menos.

Já que você está planejando fazer isso, quero oferecer alguns pensamentos finais, encorajadores e desafiadores, sobre a busca da melhor pérola.

Considere Isso

A história da pérola valiosa ilustra um princípio importante: a vida é feita de escolhas, mas algumas escolhas são mais valiosas do que outras. Algumas coisas importam mais. Outras importam menos. Há uma vida maior para aqueles que reconhecem a diferença. E há algumas iniciativas pelas quais vale a pena sacrificar tudo.

Esse princípio está na base do minimalismo. Há buscas mais valiosas para nós do que a compra e acumulação de bens materiais. E quando começamos a reconhecer essas oportunidades, eliminar todas as distrações que nos afastam delas não parece um sacrifício. Parece a coisa mais inteligente que poderíamos fazer com nossas vidas no momento.

Esse é exatamente o ponto em que minha jornada minimalista começou. Quando me confrontei com a percepção de que meus bens materiais estavam me atrapalhando para passar tempo com meu filho de 5 anos, ficou mais fácil removê-los. Eu havia identificado uma pérola, e abrir mão do que fosse necessário para pegá-la era a única resposta sábia.

Esse princípio de que algumas escolhas são inerentemente mais valiosas do que outras também se aplica quando você escolhe o que fazer com a nova liberdade que o minimalismo oferece. Você pode fazer o que quiser, mas não pode fazer tudo. Pode investir seus "dividendos" do minimalismo aqui ou ali, mas não em todo lugar. Então, qual é a melhor escolha?

Venho dizendo o tempo todo que seu maior propósito é aquilo que você escolher, da forma que definir. E isso é verdade. Você tem liberdade. Não cabe a mim dizer o que você deve fazer com os recursos que o minimalismo liberará para você.

Ainda assim, quero fazer um apelo especial: sua vida é valiosa demais para ser desperdiçada perseguindo bens materiais, mas também é valiosa demais para se desperdiçar perseguindo apenas interesses egoístas com a liberdade que você conquistou. Em vez de perseguir apenas objetivos que o beneficiem, certifique-se de também fazer o bem para os outros.

Suponho que, depois de minimizar suas posses, você *possa* se mudar para uma casa à beira-mar e passar todos os dias pescando. Ou *possa* frequentar o campo de golfe diariamente. E se isso lhe agrada, a decisão é sua. Porém acho que você tem uma escolha melhor à disposição: melhorar a vida de outra pessoa.

Que tal orientar novos empresários gratuitamente com o conhecimento que você adquiriu durante sua carreira?

Ou iniciar um programa para dar acesso aos sem-teto em sua comunidade aos serviços públicos que estão disponíveis para eles?

Ou dar uma bolsa de estudos na universidade que você cursou?

Ou liderar uma equipe ministerial em sua igreja?

Ou organizar um grupo de médicos e dentistas para prestar serviços gratuitos em uma região do mundo que carece de assistência médica e odontológica?

Ou deixar sua mãe viver com você em vez de morar na casa de repouso que a deixa infeliz?

Servir aos outros é realmente uma continuação natural do minimalismo, se você pensar bem. O minimalismo em si é um ato altruísta, porque usa menos recursos, que outros podem precisar. Portanto, investir os dividendos servindo aos outros é uma extensão lógica do mesmo ethos de altruísmo.

Claro que não são opções necessariamente excludentes. Você pode pescar ocasionalmente *e* liderar uma equipe na igreja. Você pode jogar golfe às vezes *e* fazer mentoria para um novo empresário.

Contudo, eu odiaria ver você ignorar completamente as opções que o colocam na posição de ajudar os outros. Na verdade, se, em certas situações, tiver que escolher entre uma busca mais egocêntrica e outra mais centrada nos outros, prefiro que você escolha a última. Porque essa é inerentemente a mais valiosa.

Há muitas razões pelas quais os maiores sonhos são sonhos que ajudam os outros. O serviço ao outro não afeta apenas a nós, afeta muitas outras pessoas também. Ajudar os necessitados pode ter um efeito multiplicador se nossas ações inspirarem outros a seguir nosso exemplo. Tende a unir as pessoas em vez de deixá-las em seus próprios caminhos na vida. Reduz a solidão e o medo, a inveja e o ressentimento. Acessa um mundo que muitas vezes é escuro e triste, e traz a ele luz e alegria.

E ainda há mais uma razão pela qual os maiores sonhos são sonhos altruístas: porque o prazer egocêntrico nunca é tão recompensador em longo prazo quanto a satisfação que sentimos em servir aos outros.

O Paradoxo para Além do Paradoxo

Este é um livro sobre viver com menos para que você possa aproveitar melhor seus dias. Trata de ter um estilo de vida menos material para que você possa experimentar uma vida maior, cheia de paixão e propósito. Tenha menos para viver mais. Isso é paradoxal.

No entanto, surge outro paradoxo quando começamos a olhar especificamente para aquilo que faremos com o dinheiro, o tempo e a liberdade que o minimalismo nos dá. Perseguir objetivos centrados em nós mesmos pode nos proporcionar alguma felicidade, mas perseguir objetivos centrados nos outros nos proporciona uma felicidade ainda maior e mais gratificante. Parece algo de inverso, mas é verdade.

Percebo que alguns podem acreditar que essa linha de pensamento é pouco realista, elaborada ou antiquada. Acreditam que, em um mundo competitivo, se eles não estiverem buscando ser o número um, ninguém está. Porém é a linha de pensamento dessas pessoas que é falha.

A realidade, comprovadamente, é que as pessoas que servem aos outros tendem a ter melhor autoestima, um melhor ajuste psicológico e mais felicidade do que aquelas que não o fazem. O altruísmo melhora a saúde e até aumenta a longevidade. Suas conexões sociais melhoram e todos se beneficiam: comunidades com envolvimento significativo dos cidadãos são lugares mais estáveis e melhores para se viver. Pesquisadores citam um efeito positivo nas notas, no autoconceito e nas atitudes em relação à educação entre os adolescentes que são voluntários. O serviço aos outros também leva à redução do uso de drogas e grandes quedas nas taxas de abandono escolar e gravidez na adolescência. Optar por ajudar os outros aparece consistentemente como uma das maneiras mais importantes de se melhorar o bem-estar.[2]

Antes de insistir demais no meu ponto de vista, afirmo que não sou totalmente contra o interesse próprio. A busca pela felicidade fazendo o que gostamos ou sentimos que precisamos para nós mesmos não é necessariamente uma busca não saudável. É importante alimentar nossa própria alma, ter divertimento e cuidar de nós mesmos de maneira eficaz.

Porém, quando tentamos encontrar a felicidade em atividades que beneficiam *só* a nós, ficamos aquém de suas formas mais verdadeiras e puras. Nossa pérola se revela falsificada. Portanto, por mais estranho que pareça, o caminho mais eficiente para a felicidade e realização duradouras não é buscá-las diretamente servindo a si, mas ajudando os outros.

Considere o que acontece conosco quando escolhemos servir aos outros: a vida vira de cabeça para baixo. Ao ajudar os outros em vez de buscar nosso próprio ganho, encontramos maior liberdade. Vivemos com menos estresse, menos ansiedade e menos frustração. Começamos a nos sentir mais realizados, mais completos, mais vivos. Viver para os outros elimina nossa necessidade de sermos os melhores. Tira um grande peso de nossos ombros porque não buscamos mais poder e domínio sobre os outros. Sabemos o que estamos fazendo e sabemos que é importante. Temos contentamento e propósito.

O que digo com tudo isso pode não ser novidade para você. Na verdade, seus sonhos para o futuro já podem estar repletos de visões sobre formas pelas quais você pode servir aos outros. Se sim, fico feliz por isso! Imagino que seja porque você já experimentou a alegria de servir, como eu, e isso abriu seu apetite para fazer mais. Nesse caso, o minimalismo permitirá que você cresça, refina e cumpra seus planos de maneiras que nunca imaginou.

Quero que você tenha um grande sonho. Também quero que tenha muita satisfação com ele. E isso vai acontecer quando seu sonho incluir ajudar outras pessoas além de si.

O poeta bengali Rabindranath Tagore escreveu: "Dormi e sonhei que a vida era alegria. Acordei e vi que a vida era serviço. Eu agi e veja, serviço virou alegria."[3] Deixe-me contar a você a maneira com que eu "acordei" e descobri que a vida é serviço, e serviço é alegria.

O Efeito da Esperança

Quando recebi o pagamento adiantado para escrever este livro, minha esposa e eu tínhamos uma decisão importante a tomar. Como vivemos um estilo de vida minimalista, não precisávamos do adiantamento para cobrir um pagamento de hipoteca oneroso, parcelas de carro, sair de dívidas ou comprar móveis novos para a sala de estar. Não precisávamos aplicar de volta aos negócios, na aposentadoria ou no fundo da faculdade de nossos filhos. O minimalismo proporcionou outras opções para nós.

Felizmente, em grande parte pela nossa criação religiosa e por bons exemplos de outras pessoas, Kim e eu acreditamos que a coisa mais gratificante a fazer com nossas vidas é ajudar outras pessoas. Então decidimos doar o dinheiro adiantado do livro. Como mencionei brevemente no Capítulo 1, fundamos uma organização chamada The Hope Effect.[4] Nosso objetivo com essa organização sem fins lucrativos é mudar o cuidado com órfãos pelo mundo, fornecendo soluções baseadas na família.

A necessidade é quase grande demais para se compreender. Estima-se que 26 milhões de crianças em todo o mundo perderam ambos os pais. E como os orfanatos podem ser impessoais e institucionalizados, a maioria dos órfãos não recebe interação pessoal adequada dentro de um ambiente amoroso. Muitas crianças que crescem em orfanatos ficam atrasadas em todos os estágios de desenvolvimento e vão enfrentar um futuro de crime, prostituição ou falta de moradia.

Por meio da The Hope Effect, criamos casas com pai, mãe e com estilo familiar que oferecem oportunidades para que cada criança floresça e prospere. Oferecemos soluções reais para problemas reais.

O que será dessa nova empreitada? Nós não sabemos. Sem dúvida, crescerá e mudará ao longo do tempo. Cometeremos alguns erros.

Mas realmente acreditamos que o resultado final será uma vida melhor para muitas crianças mais vulneráveis no mundo.

E aqui está a parte realmente incrível: uma parte significativa do dinheiro para esses projetos vem da comunidade Becoming Minimalist, aqueles que seguem meu blog regularmente. Os minimalistas estão fornecendo os recursos! Homens e mulheres comuns de todo o mundo decidiram que suas vidas serão melhores se possuírem menos e, como não estão comprando nem ligando para mais coisas, são livres para usar seus recursos e realizar grandes feitos para os outros. Nesse caso, eles literalmente proporcionam famílias para crianças que precisam desesperadamente delas. Você pode imaginar a alegria que eles experimentam sabendo o bem que estão realizando para os outros? Eu posso, porque também estou vivenciando isso.

Compartilho a história da The Hope Effect com você não por achar que Kim e eu sejamos especiais, mas *porque somos muito comuns!* Nunca nos propusemos a realizar algo assim. Só queríamos ter menos coisas. Porém, assim que o fizemos, nossas paixões começaram a mudar e pudemos enxergar as pérolas que agora estão a nosso alcance. Se nós conseguimos fazer algo assim, qualquer um pode. Você pode.

Você certamente não precisa criar sua própria ONG. Você pode optar por fazer algo muito menos formal e organizado. Vá em frente! É algo bom do mesmo jeito.

Conheço minimalistas que abriram mão de seus pertences e, como resultado, encontraram oportunidades de abrir negócios de comércio justo, envolver-se mais em pesquisas de conservação, doar para organizações religiosas, ser voluntários em suas comunidades locais e ajudar a construir uma escola no Laos. O que você vai fazer?

O importante é perceber que você não precisa esperar para começar. Você já tem influência. Você já tem oportunidade. E pode começar hoje, exatamente onde está.

Influência Diária

Acredito que o que estou dizendo neste capítulo está ressoando em você. Você pode já estar planejando maneiras de ser mais útil para os outros, mas mesmo que não esteja, a ideia agora está começando a empolgá-lo. Algo no fundo de sua alma diz: *Isso é grande. Eu quero isso.*

Todos nós desejamos viver vidas significativas, que façam diferença no mundo ao nosso redor. Cada um de nós nasce com um desejo interior de viver para realizar algo maior.

Você pode ver isso ao nosso redor. Nosso mundo se preocupa muito com a influência. Pagamos por ela, lutamos por ela e estudamos formas de como conseguir mais dela. Nosso mundo a mede, classifica e atribui às pessoas por razões tolas. Entretanto, em nossa luta constante para obter influência, muitas vezes passamos batido por uma verdade importante.

Nós já temos influência! Cada um de nós já é um influenciador para outros. No verdadeiro estilo minimalista, já temos tudo o que precisamos para fazer a diferença na vida de outra pessoa.

Sempre e onde quer que nossas vidas se cruzem com a vida de outras pessoas (dentro de casa, no trabalho, online ou em nossa comunidade), temos influência. Afetamos as pessoas todos os dias com as palavras que dizemos, com os olhares em nossos rostos, com as ações que escolhemos e com as decisões que tomamos. Quer estejamos interagindo com cinco, cinquenta ou quinhentas pessoas, nossas vidas importam e produzem efeitos dominó que alcançam muito além de nós.

Não há trocas neutras. Cada interação que temos com outra pessoa pode ser positiva ou negativa. Podemos agregar valor à vida dos outros, ou podemos drená-lo deles. Nossa oportunidade de influência pode se tornar um importante agente de mudança ou pode consolidar ainda mais o status quo. Pode tornar nosso mundo um lugar melhor para se viver ou um lugar mais difícil de suportar.

Acredite no bem que você já tem a oferecer. Seja intencional sobre como usa sua influência.

Vamos lembrar, você e eu e todos os minimalistas, que já temos o que precisamos para influenciar os outros para melhor e que podemos começar hoje. Vamos celebrar o crescimento, encorajar a força e promover mudanças positivas.

Mais e Mais

Se o minimalismo permitir que você tenha a vida de lazer que deseja, espero que você a aproveite.

Se está ansioso para executar algumas das aventuras que estão na sua lista de desejos, isso é ótimo.

Se você se tornou mais apaixonado por experiências do que por coisas, bom para você. Eu também me tornei.

Vá em frente. Persiga seus sonhos com entrega. Eliminar o apego às posses lhe dará a liberdade e a oportunidade de criar a vida que você sempre desejou.

Porém, se você realmente deseja investir seus dividendos do minimalismo para ter o máximo retorno, use-os também para ajudar os outros. Sua família, as pessoas em sua comunidade e os pobres e desfavorecidos ao redor do mundo precisam daquilo que você pode dar. E quando compartilhar com eles livremente, algo maravilhoso acontecerá em seu coração que nenhum objetivo autocentrado poderá proporcionar.

Com o tempo, acredito que você ficará cada vez melhor em praticar o bem para os outros efetivamente. Eu sei que minha esposa e eu não temos intenção de parar nossas iniciativas de servir com a The Hope Effect. Acreditamos que mais ideias e oportunidades surgirão. E da mesma forma, acredito que você pode se dedicar ao serviço, querer cada vez mais fazê-lo, e alavancar sua influência mais e mais.

Isso é viver mais tendo menos. Nossa contribuição para este mundo pode ser medida por algo mais significativo do que o tamanho de nossa casa, do carro que dirigimos ou pela grife de nossos jeans. Nossas vidas terão significado duradouro na forma que escolhermos vivê-las... e na forma que ajudarmos os outros a viverem as suas.

Sonhe grandes sonhos para a única vida que lhe foi dada. E então desperte e viva-os.

NOTAS

Capítulo 1: Tornando-se Minimalista

1. Will Rogers, BrainyQuote.com, www.brainyquote.com/quotes/quotes/w/willrogers167212.html.

2. James Twitchell, "Two Cheers for Materialism", *The Consumer Society Reader*, editores Juliet Schor e D. B. Holt (Nova York: W. W. Norton, 2000), 283.

3. Mary MacVean, "For Many People, Gathering Possessions Is Just the Stuff of Life", *Los Angeles Times*, 21 de março de 2014, http://articles.latimes.com/2014/mar/21/health/la-he-keeping-stuff-20140322.

4. "Average Home Has More TVs Than People", *USA Today*, 21 de Setembro de 2006, http://usatoday30.usatoday.com/life/television/news/2006-09-21-homes-tv_x.htm.

5. National Association of Professional Organizers, www.napo.net/press_room/organizing_statistics.pdf.

6. "UPPERcase Inc. Outlook on Residential Storage"; UPPERcase Modular Storage Systems, http://uppercasestorage.com/cmsdocs/Whitepaper_on_Residential_Storage_Market.pdf.

7. Jon Mooallem, "The Self-Storage Self"; *New York Times Magazine*, 2 de setembro de 2009, www.nytimes.com/2009/09/06/magazine/06self-storage-t.html?_r=0.

8. Tim Chen, "American Household Credit Card Debt Statistics: 2015", NerdWallet.com, www.nerdwallet.com/blog/credit-card-data/average-credit-card-debt-household/.

9. Louise Story, "Anywhere the Eye Can See, It's Likely to See an Ad", *New York Times*, 15 de janeiro de 2007, www.nytimes.com/2007/01/15/business/media/15everywhere.html?_r=0.

Capítulo 2: Livramento

1. Lucas 18:18, 22–23, versão "The Message".
2. João 10:10, versão "The Message".
3. Veja "Changing Times: Holistic Journalism That Makes a Difference", https://time2transcend.wordpress.com/.

Capítulo 3: Minimalismo do Seu Jeito

1. Estes são todos colegas meus blogueiros: Dave Bruno: http://guynameddave.com/. Colin Wright: http://exilelifestyle.com/. Tammy Strobel: http://tammystrobel.com/. Leo Babauta: http://zenhabits.net/. Francine Jay: www.missminimalist.com. Everett Bogue: http://evbogue.com/. Karen Kingston: www.karenkingston.com. Adam Baker: http://manvsdebt.com/.
2. Marcos 5:18–19, versão "The Message".
3. Dave Balthrop, "The Trip That Changed Everything", *SimpleLifeReboot*, http://simplelifereboot.com/the-trip-that-changed-everything/; e "Our Journey", http://simplelifereboot.com/about-us/our-journey/.

Capítulo 4: A Névoa do Consumismo

1. Ernest Dichter, citado por Sarah van Gelder em "A Brief History of Happiness: How America Lost Track of the Good Life—and Where to Find It Now", *Yes! Magazine*, 5 de fevereiro de 2015, www.yesmagazine.org/happiness/how-america-lost-track-of-the-good-life-and-where-to-find-it-now. Estou em dívida com o artigo de Van Gelder por sua análise da história do consumismo norte-americano.
2. Van Gelder, "A Brief History of Happiness".

3. "Song Dong", Museu de Arte Moderna, www.moma.org/interactives/exhibitions/projects/song-dong/.

4. Um dos muitos recursos sobre as gerações é o texto de Jill Novak, "The Six Living Generations in America", The Marketing Teacher, 8 de maio de 2014, www.marketingteacher.com/the-six-living-generations-in-america/.

5. Derek Thompson e Jordan Weissman, "The Cheapest Generation: Why Millennials Aren't Buying Cars or Houses, and What That Means for the Economy"; *Atlantic*, setembro de 2012, www.theatlantic.com/magazine/archive/2012/09/the-cheapest-generation/309060/.

6. Kevin Tampone, "Black Friday 2014: By the Numbers", Syracuse.com, 26 de novembro de 2014, www.syracuse.com/news/index.ssf/2014/11/black_friday_2014_by_the_numbers.html.

7. "US Total Media Ad Spend Inches Up, Pushed by Digital", eMarketer.com, 22 de agosto de 2013, www.emarketer.com/Article/US-Total-Media-Ad-Spend-Inches-Up-Pushed-by-Digital/1010154.

8. Drazen Prelec e Duncan Simester, "Always Leave Home Without It: A Further Investigation of the Credit-Card Effect on Willingness to Pay", *Marketing Letters* 12, nº. 1 (fevereiro de 2001): 1, 5–12, http://link.springer.com/article/10.1023/A%3A1008196717017.

9. Brad Tuttle, "J.C. Penney's Pricing Is Faker Than Ever", *Time*, 31 de janeiro de 2014, http://business.time.com/2014/01/31/j-c-penneys-pricing-is-faker-than-ever/.

10. Carrie Sloan, "9 Secret Ways Stores Seduce Us into Buying", LearnVest.com, 23 de setembro de 2011, www.learnvest.com/knowledge-center/9-secret-ways-stores-seduce-us-into-buying/.

Capítulo 5: A Vontade Interior

1. Margaret S. Clark *et al.*, "Heightened Interpersonal Security Diminishes the Monetary Value of Possessions", *Journal of Experimental Social Psychology* 47, nº. 2 (março de 2011): 359–64, citada por Serena Gordon em "Insecurity in Relationships Binds People to Possessions", *US News*

and *World Report*, 11 de março de 2011, http://health.usnews.com/health-news/family-health/brain-and-behavior/articles/2011/03/11/insecurity-in-relationships-binds-people-to-possessions.

Capítulo 6: Vá com Calma

1. Joshua Fields Millburn, "Does This Add Value to My Life?", *The Minimalists*, www.theminimalists.com/add-value/.

2. Marie Kondo, *The Life-Changing Magic of Tidying Up: The Japanese Art of Decluttering and Organizing*, trad. Cathy Hirano (Berkeley, CA: Ten Speed Press, 2014), 39.

3. Peter Walsh, entrevistado por Linda Samuels em "Ask the Expert: Peter Walsh", *The Other Side of Organized*, 21 de maio de 2013, http://theothersideoforganized.com/blog/2013/5/21/ask-the-expert-peter-walsh.html.

4. William Morris, BrainyQuote.com, www.brainyquote.com/quotes/quotes/w/williammor158643.html.

Capítulo 7: Resolução de Problemas

1. Dave Bruno, *The 100 Thing Challenge: How I Got Rid of Almost Everything, Remade My Life, and Regained My Soul* (Nova York: Harper, 2010), 80.

2. Bruno, *The 100 Thing Challenge*, 81–82.

3. Bruno, *The 100 Thing Challenge*, 76, 81–82, 85.

4. National Association of Professional Organizers, www.napo.net/press_room/organizing_statistics.pdf, 9.

5. Michael F. Woolery, *Seize the Day! How to Best Use What Can't Be Replaced—Time* (Cidade de Oklahoma: TimeLink, 1991), 89.

6. Leo Babauta, "Clutter Is Procrastination", *mnmlist*, http://mnmlist.com/clutter-is-procrastination/.

7. John Patrick Pullen, "How to Go Completely Paperless This Year", *Time*, 19 de janeiro de 2015, http://time.com/3672824/go-paperless/.

8. Internal Revenue Service, "How Long Should I Keep Records?", www.irs.gov/Businesses/Small-Businesses-&-Self-Employed/How-long-should-I-keep-records.

9. Erin Stepp, "Annual Cost to Own and Operate a Vehicle Falls to $8,698, Finds AAA", American Automobile Association, 28 de abril de 2015, http://newsroom.aaa.com/2015/04/annual-cost-operate-vehicle-falls-8698-finds-aaa/.

10. Phil LeBeau, "Americans Borrowing Record Amount to Buy Cars", CNBC, 4 de março de 2014, www.cnbc.com/id/101461972.

11. Harvey Mackay, Twitter, 29 de janeiro de 2013, https://twitter.com/harveymackay/status/296293630627438592.

Capítulo 8: Experimentos para Viver com Menos

1. Veja http://patrickrhone.com/.
2. Patrick Rhone, *Enough* (First Today Press, 2012), 10–11.
3. Veja http://bemorewithless.com/.
4. Veja http://theproject333.com/.
5. Veja www.theminimalists.com.
6. Ryan Nicodemus, "Packing Party: Unpack a Simpler Life", *The Minimalists*, www.theminimalists.com/packing/.
7. Ryan Nicodemus, em uma versão anterior de "Day 8, Beliefs," *The Minimalists,* www.theminimalists.com/21days/day8/.
8. Veja Reis 1, 10:14–29.
9. Eclesiastes 2:1.
10. Eclesiastes 2:4–9.
11. Eclesiastes 2:10.
12. Eclesiastes 2:11.

Capítulo 9: Programa de Manutenção

1. Sarah Peck, "The Story of Enough: Giving Up (New) Clothes for One Year", post de convidada, *Becoming Minimalist,* www.becomingminimalist.com/minimalist-enough/.

2. Katy Wolk-Stanley, "Why I've Chosen to Buy Nothing New for 8 Years", post de convidada, *Money Saving Mom*, 3 de agosto de 2015, http://moneysavingmom.com/2015/08/ive-choosen-buy-nothing-new-8-years.html. Veja o website de Katy em http://thenonconsumeradvocate.com/.

3. Assya Barrette, "7 Eye-Opening Lessons I Learned from Buying Nothing New for 200 Days", Collective Evolution, 19 de agosto de 2015, www.collective-evolution.com/2015/08/19/7-eye-opening-lessons-i-learned-from-buying-nothing-new-for-200-days/.

4. Cait Flanders, "The Year I Embraced Minimalism and Completed a Yearlong Shopping Ban", Blonde on a Budget, 6 de julho de 2015, http://blondeonabudget.ca/2015/07/06/the-year-i-embraced-minimalism-and-completed-a-yearlong-shopping-ban/.

5. Jeff Shinabarger, "147 Meals Later", *Huffington Post*, 28 de dezembro de 2012, www.huffingtonpost.com/jeff-shinabarger/147-meals-later_b_2362892.html.

6. "Recent Holiday Shopping Trends", Fundivo, da National Retail Federation, www.fundivo.com/stats/retail-holiday-shopping-statistics/.

7. "Giving Thanks Can Make You Happier," HEALTHbeat, 22 de novembro de 2011, www.health.harvard.edu/healthbeat/giving-thanks-can-make-you-happier.

8. Emily L. Polak e Michael E. McCullough, "Is Gratitude an Alternative to Materialism?", *Journal of Happiness Studies* 7, n°. 3 (Setembro de 2006): 355.

Capítulo 10: A Família Minimalista

1. Veja www.minimalstudent.com.

Capítulo 11: Atalho para a Importância

1. Mateus 6:21.
2. Veja http://withthisring.org/.
3. "Charitable Giving in America: Some Facts and Figures", National Center for Charitable Statistics, http://nccs.urban.org/nccs/statistics/Charitable-Giving-in-America-Some-Facts-and-Figures.cfm; "Charitable Giving Statistics", National Philanthropic Trust, www.nptrust.org/philanthropic-resources/charitable-giving-statistics/; e "Giving USA 2015: Annual Report on Philanthropy for the Year 2014", Giving USA, http://givingusa.org/product/giving-usa-2015-report-highlights/.
4. Anne Frank, *Anne Frank's Tales from the Secret Annex* (Nova York: Bantam, 2003), 89. Em português: *Contos do Esconderijo*.
5. Uma das muitas fontes que confirmam que ser generoso e compassivo é bom para a saúde é o texto de Jeanie Lerche Davis, "The Science of Good Deeds", WebMD, www.webmd.com/balance/features/science-good-deeds.
6. Susan Adams, "Guess What Stresses Americans the Most," *Forbes*, 4 de fevereiro de 2015, www.forbes.com/sites/susanadams/2015/02/04/guess-what-stresses-americans-the-most/.
7. "The World of Seven Billion", *National Geographic*, http://ngm.nationalgeographic.com/2011/03/age-of-man/map-interactive.

Capítulo 12: Uma Vida com Intenção

1. "Three-Quarters of Parents Too Busy to Read Bedtime Stories", *Telegraph* (Reino Unido), 27 de fevereiro de 2009, www.telegraph.co.uk/women/mother-tongue/4839894/Three-quarters-of-parents-too-busy-to-read-bedtime-stories.html.
2. Dean Schabner, "Americans: Overworked, Overstressed", ABC News, http://abcnews.go.com/US/story?id=93604&page=1&singlePage=true.

3. A. Pawlowski, "Why Is America the 'No-Vacation Nation'?", CNN, 23 de maio de 2011, www.cnn.com/2011/TRAVEL/05/23/vacation. in.america/index.html?_s=PM:TRAVEL.

4. Report highlights, "Stress in America: Paying with Our Health", American Psychological Association, www.apa.org/news/press/releases/stress/2014/highlights.aspx, artigo completo em www.apa.org/news/press/releases/stress/2014/stress-report.pdf.

5. Mike Burns, "5 Steps to Declutter Your Schedule and Live Your Desired Life", blog convidado, *Becoming Minimalist*, www.becomingminimalist.com/declutter-your-schedule/. Mike escreve no blog http://theothersideofcomplexity.com/.

6. Lucius Annaeus Seneca, *On the Shortness of Life* (Londres: William Heinemann, 1932), parte VII, https://en.wikisource.org/wiki/On_the_shortness_of_life/Chapter_VII.

7. "The American Society for Aesthetic Plastic Surgery Reports Americans Spent Largest Amount on Cosmetic Surgery Since the Great Recession of 2008", publicação de notícias, American Society for Aesthetic Plastic Surgery, 20 de março de 2014, www.surgery.org/media/news-releases/the-american-society-for-aesthetic-plastic-surgery-reports-americans-spent-largest-amount-on-cosmetic-surger; e "Statistics and Facts on the Cosmetics Industry", Statista.com, www.statista.com/topics/1008/cosmetics-industry/.

8. Melissa Dahl, "Stop Obsessing: Women Spend 2 Weeks a Year on Their Appearance, TODAY Survey Shows", *Today*, 24 de fevereiro de 2014, www.today.com/health/stop-obsessing-women-spend-2-weeks-year-their-appearance-today-2D12104866.

9. Lucy Waterlow, "He's the Fairest of Them All! Men Now Spend Longer on Grooming and Getting Ready Than Women", *Daily Mail* (Reino Unido), 25 de janeiro de 2013, www.dailymail.co.uk/femail/article-2268214/HEs-fairest-Men-spend-longer-grooming-getting-ready-women.html.

10. Emma Johnson, "The Real Cost of Your Shopping Habits", *Forbes*, 15 de janeiro de 2015, www.forbes.com/sites/emmajohnson/2015/01/15/the-real-cost-of-your-shopping-habits/.

11. Johnson, "The Real Cost of Your Shopping Habits".

12. Mattias Wallander, "Closet Cast-offs Clogging Landfills", *Huffington Post*, 27 de junho de 2010, www.huffingtonpost.com/mattias-wallander/closet-cast-offs-clogging_b_554400.html.

13. Dahl, "Stop Obsessing".

14. Olga Khazan, "Why Do So Many Women Wear So Much Makeup?", *Atlantic*, 28 de abril de 2014, www.theatlantic.com/health/archive/2014/04/women-wear-too-much-makeup-because-they-mistakenly-think-men-want-them-to/361264/.

15. "Overweight and Obesity Statistics", National Institute of Diabetes and Digestive and Kidney Diseases, outubro de 2012, www.niddk.nih.gov/health-information/health-statistics/Pages/overweight-obesity-statistics.aspx.

16. "One in Five Adults Meet Overall Physical Activity Guidelines", publicação para a imprensa, Centers for Disease Control and Prevention, 2 de maio de 2013, www.cdc.gov/media/releases/2013/p0502-physical-activity.html.

17. "Fast Food Statistics", Statistic Brain Research Institute, www.statisticbrain.com/fast-food-statistics/; e David Hinckley, "Americans Spend 34 Hours a Week Watching Television, According to Nielsen Numbers", *New York Daily News*, 19 de setembro de 2012, www.nydailynews.com/entertainment/tv-movies/americans-spend-34-hours-week-watching-tv-nielsen-numbers-article-1.1162285.

18. Gary Thomas, *Every Body Matters: Strengthening Your Body to Strengthen Your Soul* (Grand Rapids, MI: Zondervan, 2011), 15.

19. "Water: How Much Should You Drink Every Day?", Mayo Clinic, 5 de setembro de 2014, www.mayoclinic.org/healthy-lifestyle/nutrition-and-healthy-eating/in-depth/water/art-20044256.

20. "How Much Physical Activity Do Adults Need?", Centers for Disease Control and Prevention, 4 de junho de 2015, www.cdc.gov/physicalactivity/basics/adults/.

Capítulo 13: Não Se Contente com Menos

1. Mateus 13:45–46.
2. Philip Moeller, "Why Helping Others Makes Us Happy", *US News & World Report*, 4 de abril de 2012, http://money.usnews.com/money/personal-finance/articles/2012/04/04/why-helping-others-makes-us-happy.
3. Rabindranath Tagore, BrainyQuote.com, www.brainyquote.com/quotes/quotes/r/rabindrana134933.html.
4. Veja http://hopeeffect.com/.

ÍNDICE

A
abundância material, 67
aceitação, 66, 69
aceitação social, 63
acumulação material, 8, 69
alegria, 81
alimentação, 178
altruísmo, 190
análise geracional, 45
Anne Frank, 168
Annette Gartland, 186
apenas o melhor, 94
aposentadoria, 46
áreas da vida
  identificar defeitos, 43
autodescoberta, 60

B
bagunça, 78
  relacional, 180
beleza estética, 176
benefícios do minimalismo, 7–9
Black Friday, 51
Buda, 21
budismo, 150

C
caridade, 132–133
carros, 99
casa própria, 101
casos
  Ali Eastburn, 160
  Annette, 23
  Anthony e Amy Ongaro, 57
  Courtney Carver, 110
  Dave e Sheryl, 34
  Jessica Dang, 150
  Margaret Clark, 62
  Margot Starbuck, 54
  Ryan Nicodemus, 114
  Sarah Peck, 128
  Troy, 16
casos reais, 12
categorias difíceis, 83
classificação das coisas, 77
comparações com os outros, 9
compartilhar o minimalismo, 138
comunicação, 172
conectividade tecnológica, 48
confiança do consumidor, 42
constrangimentos, 65
consumismo, 54, 149
  baby boomers, 46

e felicidade, 42
geração silenciosa, 45
identificar o, 41
contentamento, 9, 67, 169
controle, desejo de, 16
Courtney Carver, 19
custo de oportunidade, 93

D
Dave Balthrop, 186
Dave Bruno, 84
deficit comercial, 42
descontentamento, 9
desejos, 136
desordem, 79, 140
distrações, 8
dívidas, 19, 28
dividendos
  de tempo, 166
  financeiros, 162
doações, 68, 160
  como começar a fazer, 164
doença, 110
Duane Elgin, 21

E
economia compartilhada, 48
egoísmo, 69
eliminar papelada
  processo, 90
empacotamento, 115
encorajamento, 103, 138
enfeites, 117
Ernest Dichter, 41
escassez, 52
esperança, 17

espiritualidade, 18
estilo de vida, 108
estresse, 8, 169
excessos, 50
  de posses, 32
experimentação, 105
  parâmetros, 106
  rei Salomão, 120
  sugestões, 117

F
famílias, 137, 152
felicidade, 3, 41, 69, 151, 190
filhos, 143
  adolescentes, 147
  limites, 146
finanças, 68
frugalidade, 8
futilidade, 120

G
ganância, 38, 41
Gary Thomas, 177
generosidade, 8, 68, 160
  e relacionamentos, 169
  nível de, 164
gerações
  baby boomer, 46
  do milênio, 48
  silenciosa, 45
  X, 47
Grande Depressão, 45
gratidão, 134
  pensamentos para estimular, 135

H
hábitos úteis, 136
Henry David Thoreau, 21
hospitalidade, 34

I
idealismo, 148
impacto ambiental, 8
inadequação, 69
inflação, 42
influência, 194
insegurança global, 44
instalação de arte, 43
intencionalidade, 79, 136, 172, 175
inveja, 69

J
Jesus, 21
  ensinamentos, 23
jogadas de marketing, 52
John Ruskin, 21
Joshua Fields Millburn, 78
jovem minimalista, 150

L
lembranças, 101
Leo Babauta, 89
liberdade, 8
libertação, 55
livros, 86

M
Madre Teresa em Calcutá, 31
Marie Kondo, 78
marketing, 42, 51, 148
Mark Twain, 37

materialismo, 69
meio ambiente, 8
minimização
  benefícios, 7
  equívocos, 17
  novo sentido, 22
  objeções, 71
  primeiros passos, 82
  processo de, 70
mobílias, 119
modelagem, 140
modismos, 176
modo de vida gratificante, 21
motivações naturais, 69
motivações ocultas, 69
Museu de Arte Moderna de Nova York, 44

N
não desistir, 102
nivelamento
  aspectos, 113
  técnica, 112
nomadismo digital, 23

O
obsolescência, 92
órfãos, 192
organização, 19, 72, 125
  deficiências, 19
orgulho no passeio, 98

P
paternidade, 145
Patrick Rhone, 108
Peter Walsh, 78

pilhas do minimalismo, 77
práticas de arrumação, 125
presentes, 133
   minimizar os, 132
Primeiro Mundo, 149
primeiro pequeno passo, 73
privação, 15
processo heurístico, 34
procrastinação, 126–127
produto interno bruto, 42
programa de manutenção, 124
   hábitos, 124
promoções, 52
propaganda consumista, 38
propósito de vida, 4, 31
propósitos ignorados, 20
publicidade, 41, 51

Q
querer menos, 136

R
Rabindranath Tagore, 192
razões para minimalizar, 73
recursos naturais, 8
relacionamentos, 62, 169
   intencionalidade, 180
reputação, 86
Revolução Industrial, 21
revolução tecnológica, 47
riqueza, 50
roupas, 117

S
Salomão de Israel, rei, 119
santuário minimalista, 140

satisfação pessoal, 11
Segunda Guerra Mundial, 45
   fim da, 46
segurança, 69
   desejo de, 66
semiminimalismo, 152
senso de urgência, 52
serviço ao outro, 189
simplicidade, 17
simplicidade voluntária, 21
simplificar a vida, 111
sobrevivência, 44
Song Dong, 43
sonhos, 189
status, 42
sucesso, 50
suficiente
   o que é, 108
superacumulação, 60, 146
suposições, 106

T
tecnologia, 172
Terceiro Mundo, 149

U
utensílios de cozinha, 118–119

V
voluntariado, 167
vulnerabilidades, 62

W
William Morris, 78
Will Rogers, 5, 9